わ・か・り・や・す・い
社会保障論

石橋敏郎 編

法律文化社

　　　　　　は し が き

　私自身は、社会保障法を専攻して、いつの間にか30年以上が経過した。当時は、大学で社会保障という名称がつけられている講義はそんなに多くなかったように記憶している。しかし、現在は、社会福祉・看護系の大学が増えたばかりでなく、社会保障関係の講義は、文学部、法学部、経済・商学部、教育学部、医学部など広範な学部にわたって実施されている。また、福祉施設・事業所も増加し、それらのサービスを与える福祉労働者の量と質の確保が課題とされるようになってきた。本書は、こうした状況を踏まえて、大学、専門学校、事業所で、社会保障の講義や研修をしている若い担当者が集まって、受講生にわかりやすく説明できるテキストをつくろうと企画されたものである。

　本書を執筆するにあたっては、以下の2点に気をつけたつもりである。1つは、社会保障制度に関する最新の情報を提供することと、それぞれに課題や将来展望を書いてもらったことである。2つ目は、介護福祉士・社会福祉士養成課程における教育内容や国家試験科目が見直され、新たに権利擁護や就労支援サービスといった科目が導入されたので、これに対応できるものにしようとしたことである。大学や専門学校で社会保障を学ぶ学生のテキストとして、また資格試験を受験する者の手引きとして、その両方で役立つようにと欲張って企画したものだが、その期待に応えているかどうかは、読者の判断に待つ以外にはない。いずれにせよ、本書が、学生や資格試験受験者の皆さん方に社会保障に対する興味を持ってもらい、その理解に少しでも役立つことができれば幸いである。

　最後に、本書の刊行までにさまざまな面で支援をいただいた法律文化社編集部の小西英央氏に著者を代表して厚くお礼を申し上げたい。

　　　2010年3月

　　　　　　　　　　　　　　　　　　　　　　　　　編者　石橋敏郎

目　　次

はしがき

第1章　社会保障とはなにか　　　　　　　　　　【石橋敏郎】 1
1　社会保障を取り巻く環境の変化　1
2　社会保障という言葉、社会保障の定義　4
3　社会的責任の原理　6
4　社会保障の体系　9
5　社会保障の歴史的展開　13

第2章　社会保障と憲法・法律、社会保障争訟　【石森久広】 19
1　社会保障と憲法・法律　19
2　社会保障と行政手続　23
3　社会保障と行政不服申立て　26
4　社会保障と訴訟(1)――行政訴訟一般　28
5　社会保障と訴訟(2)――取消訴訟　32
6　社会保障訴訟の課題　35

第3章　社会保障の行財政　　　　　　　　　　　【木村茂喜】 38
1　社会保障給付費　38
2　社会保障の財源政策　41
3　社会保障の財源　42
4　社会保障の負担のあり方　46
5　社会保障行政　50

第4章　医療保険、高齢者医療　————————【伊奈川秀和】57

1　医療保障の必要性　57
2　医療保険の仕組み　58
3　医療保険の構造　59
4　保険給付の内容　62
5　高齢者医療　68
6　財政の仕組み　71
7　医療保険・高齢者医療の課題　73

第5章　年　金　保　険　————————————【田中秀一郎】76

1　年金制度の歴史と仕組み　76
2　保険者と被保険者　78
3　年金給付　80
4　年金財政と費用負担　88
5　企業年金　90
6　年金保険の課題　91

第6章　介　護　保　険　——————————————【長　千春】95

1　介護保険制度の意義と最近の動向　95
2　介護保険制度のしくみ　98
3　介護保険給付の種類とサービス内容　101
4　介護保険制度の利用手続き　106
5　サービスの質の保障　108
6　介護手当　109
7　介護保険の課題　109

第7章　雇用保険、労災保険　　　　　　　　　　【石橋敏郎】113

Ⅰ　雇用保険　113
　1　失業と社会保障　113
　2　非正規労働者、育児休業給付・介護休業給付　115
　3　保険者・被保険者、保険料、受給要件　116
　4　失業等給付の内容　117
　5　雇用保険の課題　120
Ⅱ　労災保険　121
　1　労働災害の発生と労働者災害補償保険法の制定　121
　2　労災保険法の「1人歩き」現象　122
　3　業務上・外の認定　123
　4　労災保険給付の内容　126
　5　労災補償と損害賠償　127
　6　労災保険の課題　128

第8章　生活保護　　　　　　　　　　【上原紀美子】131

　1　生活保護の意義と最近の動向　131
　2　公的扶助制度の歴史　135
　3　生活保護法の目的・原理・原則　138
　4　保護の種類　141
　5　生活保護の実施体制　143
　6　被保護者の権利と義務　144
　7　生活保護の課題　146

第9章　高齢者福祉、障害者福祉　　　　　　　　　　【相藤絹代】150

Ⅰ　高齢者福祉　150
　1　高齢者問題の背景と高齢者福祉　150

    2 高齢者福祉の発展 151
    3 老人福祉法 153
    4 高齢者福祉の課題 155
  II 障害者福祉 157
    1 障害者と障害者福祉 157
    2 障害者福祉の史的展開 159
    3 障害者自立支援法以外の障害者福祉の法制度 161
    4 障害者自立支援法 162
    5 障害者福祉の課題 166

第10章 児童福祉・社会手当 ──────【平部康子】169

  1 児童福祉の意義と最近の動向 169
  2 児童福祉法 173
  3 社会手当 181

第11章 社会保障の将来 ──────【石橋敏郎】188

  1 社会保障の将来 188
  2 所得保障（年金）の将来 190
  3 医療・介護・福祉サービスの将来 192
  4 ワークフェア（Workfare）とベーシック・インカム（Basic Income）194

コラム目次

1	権利擁護と成年後見制度	勝本映美	37
2	地域福祉	和田 要	56
3	保健サービスの意義と効果	島田友子	75
4	福祉サービスの組織と経営	長 千春	94

5	介護休業	長　千春	112
6	就労支援サービス	坂口昌宏	130
7	更生保護制度	甲斐正法	149
8	相談援助の理論と方法	姫野建二	168
9	こうのとりのゆりかご	石橋敏郎	187

執筆者紹介
（執筆順、＊印は編者）

石橋 敏郎（いしばし としろう）　熊本県立大学総合管理学部教授　　　　　　　　　　第1・7・11章

〈読者へのメッセージ〉
　少子高齢社会を迎えて、社会保障は見直しと再構築の時代に入ってきました。何をどのように見直したらいいのか、将来に向かって安定した、信頼のできる制度にするためにはどうしたらいいのか、この本を参考にして考えてみてください。

石森 久広（いしもり ひさひろ）　西南学院大学法学部・法科大学院教授　　　　　　　　第2章

〈読者へのメッセージ〉
　法律は、所与のものではなく、固定的なものでもありません。みんなで作り、みんなで解釈していくものです。どう作りどう読めば憲法の価値を実現できるか、ひいては人が人として幸せになれるか、みんなで知恵を出し合っていきましょう。

木村 茂喜（きむら しげき）　西南女学院大学保健福祉学部准教授　　　　　　　　　　第3章

〈読者へのメッセージ〉
　社会保障について学ぶということは、社会全体についても学ぶということにもつながります。単に「試験のため」「単位のため」に学ぶのではなく、社会保障についての学びを通して、よりよい社会を築き上げるためにはどうしたらよいか、考えていきましょう。

伊奈川 秀和（いながわ ひでかず）　厚生労働省参事官（社会保障担当）　　　　　　　　第4章

〈読者へのメッセージ〉
　わが国は、世界でも最も長い健康寿命を享受していますが、それを支えるのが医療保険を中心とした医療保障制度です。社会保険である医療保険には、独自の理論と体系があり、本書を通じて読者の理解が深まることを期待しています。

田中 秀一郎（たなか しゅういちろう）　岩手県立大学社会福祉学部講師　　　　　　　　第5章

〈読者へのメッセージ〉
　日本の年金保険制度は、すべての人々が、世代と世代との間で、あるいは同じ世代内で助け合うことを基本としています。では、どのような制度設計にすれば、人々（皆さん）が納得できる制度になるか一緒に考えてみましょう。

長　千春　西九州大学健康福祉学部助教　　　　　　　　　　　　　　　　第6章

〈読者へのメッセージ〉
　高齢者の介護は、誰もが高い確率で遭遇する身近な問題であり、社会的にも大きな課題となっています。介護保険制度を学び、介護を社会的に支える仕組みについて考えてみましょう。

上原紀美子　久留米大学文学部准教授　　　　　　　　　　　　　　　　　第8章

〈読者へのメッセージ〉
　勉学においては決して人と比べることなく、たとえ思い通りに勉学の成果が出ない時があったとしても、決して焦ることなく、あくまでも「昨日の自分より今日の自分、今日の自分より明日の自分」と心に決め、粘り強く着実に前進していってください。

相藤絹代　熊本学園大学社会福祉学部准教授　　　　　　　　　　　　　　第9章

〈読者へのメッセージ〉
　社会保障費に占める、高齢者・障害をもつ人の関係給付費は年々増加傾向にあります。高齢化の進行や社会の変化、経済状況、政策変更などにアンテナを高くして、常に問題意識を持って日々の学習に望んでください。

平部康子　福岡県立大学人間社会学部准教授　　　　　　　　　　　　　　第10章

〈読者へのメッセージ〉
　児童が安心して成長できる条件・基盤があるのかという問題に応えるためには、児童福祉・社会手当という個別制度を学ぶだけでなく、社会保障制度全体を横断的に検討することも必要です。

第1章　社会保障とはなにか

ポイント

* いま、少子高齢化が一層進展し、家族形態、雇用形態なども大きく変化して、社会保障は新たな対応を迫られている。
* 貧困や疾病は個人の責任ではない。社会に内在する危険が運悪くその人に生じたに過ぎない。だから社会が責任を持って保護すべきである。これを社会的責任の原理という。
* 社会保障は、社会保険、公的扶助、社会福祉、公衆衛生から構成されている。
* 社会保障の歴史は、労働者保険→社会保険→社会保障へと発展してきた。

1　社会保障を取り巻く環境の変化

1　家族形態、雇用形態、女性の社会進出、国民の意識変化

　社会保障制度の歴史や仕組みを学ぶ前に、社会保障を取り巻く現在の環境について述べておこう。これまでの社会保障制度は、ひところ昔の家族形態や雇用形態をもとに組み立てられてきた。すなわち、3世代同居家族で、子どもがけっこうたくさんいて、夫が外で働き、妻が専業主婦で家庭を守り、祖父母が要介護状態になった時には家族で面倒をみるといった家族形態である。雇用関係にしても、夫は正規社員で、好景気のもと毎年ベースアップがあり、年功序列型賃金で定年まで雇用が保障されるといった雇用環境を背景に社会保障制度が作られてきた。しかし、現在の状況はこれとは大きく違っている。

　なんといっても、現代は少子多高齢者時代である。わが国の平均寿命は、2008（平成20）年には、男79.29歳、女86.05歳と世界で1、2位を占めるほど

に伸び、その反面、1人の女性が生涯産む子どもの数（合計特殊出生率）は1947（昭和22）年には4.54人だったものが、2008（平成20）年には1.37人へと低下している。年金にせよ医療にせよ、社会保障は、いわば働いている現役世代がお金を拠出して、高齢者を支える仕組みなので、支え手が少なくなり、支えられる側が多くなれば、制度はたちまちにして不安定なものとなってしまう。

　雇用の分野でも、正規雇用労働者の数が減少し、代わってパート、派遣、短期雇用といった非正規雇用労働者が増加し、その数は全労働者の4割を占めるまでになっている。高校・大学を出ても定職に着かず、臨時的なアルバイトをして過ごす若者（フリーター）や、働いていても賃金が低く生活保護水準以下の生活しかできない労働者（ワーキングプア）も出てきた。景気が悪くなると真っ先に派遣労働者が首を切られ、明日からの寝場所もないといった悲惨な現象が全国のあちこちで起きたことも記憶に新しい。失業も長期化し、それらをすべて生活保護制度で賄うことにも限界が来ている。

　女性の社会進出も目立っている。働く女性の数は年々増え続け、2007（平成19）年には2,763万人、労働力率は48.5％に達している。女性が働くようになると、夫が被保険者（主）で妻はその被扶養者（従）という従来の制度では実態に合わなくなってくるし、子育て期間（育児休業期間）の女性の保険料をどうするかという新しい問題も起きてくる。3世代世帯が減少し、夫婦のみの世帯が増加したことに加えて、女性が働くとなれば、高齢者の介護を自宅で女性の個人的介護力に頼ってきた旧来のやり方は通用しなくなる。

　国民の意識が多様化したからであろうか、それとも近年の社会保険庁（2010（平成22）年1月より日本年金機構）のずさんな年金管理のせいであろうか、国民年金に対する国民の信頼感が薄れ、2008（平成20）年度の国民年金保険料納付率は62.1％まで落ち込んでいる。本来納めなければならない国民年金保険料を滞納している人たちが実に4割近くもいるのでは、相互扶助を目的とする社会保障制度そのものが成り立たなくなってしまう。

2　社会保障財源

　1970(昭和45)年の社会保障給付費総額は3.5兆円だったものが、2008(平成20)年には95.7兆円に膨れ上がっており、その中身は、年金が50.5兆円(52.8%)、医療29.8兆円(31.17%)、福祉その他が15.4兆円(16.0%)と、年金費用が半分以上を占め、年金と医療で8割以上の予算を使っていることがわかる(第3章の図表3-1参照)。医療の分野では老人医療費の伸びが著しい。一方、日本の国民所得に対する租税と社会保障費負担を併せた割合(国民負担率)は、1970(昭和45)年では24.3%だったものが2008(平成20)年には40.1%になっている。イギリス48.3%、ドイツ51.7%、フランス62.2%、スウェーデン70.7%(いずれも2005年統計)に比べればまだまだ低いとはいえ、これまでのように国民負担率が高いと経済活動が抑えられるとしてピーク時でも50%を超えないことを目標にしてきたようなわが国の政治姿勢では、これからは立ち行かなくなることは目に見えている(第3章図表3-4参照)。詳しくは第3章に譲る。

　本格的に社会保障制度が整備され始めた第二次世界大戦直後から60年近くを経て、私たちは当時とはまったく違う社会情勢のなかに置かれている。いまや社会保障の支え手と受け手のバランスが大きく崩れかかっている。しかし、このような厳しい社会情勢のなかにあるからこそ、社会保障制度は私たちの暮らしを支える最も重要な社会基盤であることを再認識し、国民が安全と安心を感じられるような安定的な社会保障制度をどのようにして再構築していくのか、いま私たちは難しい質問を投げかけられている。この質問に答えるためには、単なる財政上の埋め合わせ議論では通用しない。現状認識を踏まえたうえで、何よりも、改革は社会保障の理念や社会的責任の原理といった基本的な考え方にたった理論的なものでなくてはならないであろう。そのためには、やはり、社会保障の理念、法的根拠、歴史、体系、それぞれの制度の仕組みと特徴などの基礎的知識の体得が前提になくてはならない。以下、本書ではそのような基礎的知識の体得を目標にして、読者にできるだけわかりやすく説明していくことにしたいと思う。

2　社会保障という言葉、社会保障の定義

1　社会保障という言葉

「社会保障」という言葉が世界に登場したのは、1935年アメリカ連邦社会保障法（Social Security Act）においてである。時の大統領フランクリン・ルーズベルト（F. Roosevelt）は、1929年の世界恐慌を乗り切る手段として積極的景気刺激対策（ニューディール）を打ち出し、労働能力ある者については公共事業を、労働能力ない者には連邦政府の資金による生活保障を与え、景気の回復を図ることとした。後者の部分が、社会保障法として成立し、老齢年金および高齢者・障害者のための医療保険（メディケア）を主として、そのほかに被扶養児童を有する家庭に対する扶助（AFDC）なども加えた断片的な制度が出来上がった。当初、この法案は経済保障法案（Economic Security Bill）となっていたが、下院の審議段階で社会保障法と名称を変更していた。変更の理由は、ドイツ型社会保険（Social Insurance）に対する抵抗と、経済保障という用語では、労働者だけの所得保障をイメージされるので、もっと広く社会全体の福祉を目的とした制度であるべきだという考え方によるとされている。やがて、この言葉は、1938年のニュージーランド社会保障法、1942年イギリスのビヴァリッジ報告書、同年の ILO 出版物『社会保障への途』、1944年 ILO のフィラデルフィア宣言（国際労働機関の目的に関する宣言）へと受け継がれ、1948年の第3回国連総会で採択された世界人権宣言のなかで、「すべて人は…社会保障を受ける権利を有し…」（22条）と明記され、国際的に確立した用語となった。

2　社会保障の定義

社会保障の目的や取り扱う範囲をどのように考えるかによって社会保障の定義の仕方が違ってくる。1942年、ILO が各国の社会保障の実情を調査して作成した報告書『社会保障の途』では、社会保障は次のように定義されている。

「社会保障とは、社会が適切な組織を通じて、その構成員がさらされている

一定の危険に対して与える保障である。この危険は、わずかな資産しかもたない個人が、自己の能力あるいは判断だけではどうにもならない、あるいは家族の協力をもってしても有効に対処できない事故のことをいう」。

ここでは、一応、社会保障を次のように定義することにしよう。

「社会保障とは、国または地方公共団体が、すべての国民または住民を対象として、その生活保障を直接の目的として行う社会的給付のことをいう」。

この定義には、社会保障の目的と範囲を確定するための4つのキーワード（①国または地方公共団体、②すべての国民または住民、③生活保障を直接の目的、④社会的給付）が含まれている。このうち、責任主体についてであるが、最近、社会保障に果たすべき国家の役割が相対的に低下し、代わって地方公共団体、一部事務組合、広域連合といった公共団体や民間事業所（例えば介護保険の指定居宅サービス事業者）の与えるサービスが増大している傾向はうかがえる。サービスの供給主体の多様化はあるとしても、社会保障は、最終的には国または地方公共団体が責任を持って供給し、あるいは、直接供給しない時でもサービス提供機関の組織や人員配置を法定し、サービスの質を確保する立場にあるという意味でやはり責任主体は国または地方公共団体ということになろう。生活保障を直接の目的という言葉は、社会保障は国民・住民に対して直接、金銭給付や人的・物的サービスを提供する制度という意味である。労働法における最低賃金制度や経済法における不正競争防止制度は国民の生活水準を向上させることに重要な役割をもっているが、それはその制度によって間接的に国民の生活が保障されるのであるから、社会保障の範囲からは除かれる。

国民または住民に対する直接的サービスは、憲法25条（生存権）の定める「健康で文化的な最低限度の生活」を保障するためのものであり、したがって、国民または住民は権利としてこれらの給付を受けることができることになる。社会保障は生活困難状態に応じてさまざまな形の給付を準備しているが、生活事故とサービスの内容については、おおまかにいえば世界人権宣言（1948年）の以下の規定により理解することができよう。

「すべて人は、衣食住、医療及び必要な社会施設等により、自己及び家族の

健康及び福祉に十分な生活水準を保持する権利並びに失業、疾病、心身障害、配偶者の死亡、老齢その他不可抗力による生活不能の場合は、保障を受ける権利を有する」(25条)。

3 社会的責任の原理

1 個人責任の時代から社会的責任の時代へ

　私たちが共通に抱く生活上の不安とは、おおまかにいうと、貧困になることと、病気、障害、要介護といった生活障害をかかえこむことであろう。貧困の原因としては、病気、失業、老齢、障害、労働災害、配偶者の死亡、出産・多子などがあげられるが、いずれも、こうした生活事故が発生すると、所得の喪失または支出の増加をもたらし、やがて生活困窮に陥る可能性が高い。では、貧困の原因を作ったのは誰であろうか。

　19世紀以前の自由放任主義経済の時代には、上記のような貧困は個人の怠慢が作り出したものだと考えられていた。だから、貧困者に救済の手を差し伸べることは怠け者を養成することにつながるとして厳しく戒められていたのである（個人責任の時代）。生活保護制度の萌芽とされる1601年のエリザベス救貧法（Elizabethan Poor Law）は、労働能力ある者には労役場（Workhouse）にて強制労働に従事させ、労働能力のない者には最低の生活扶助を与える立法であったが、その目的はあくまでも治安・秩序の維持であり、現在の社会保障の理念とは程遠いものであった。

　20世紀になると、貧困は本当に個人の責任だろうかという疑問が生じてくる。懸命に働いても景気が悪くなれば解雇されることもあるし、いくら健康に気をつけていても重い病気にかかることもある。私たちは、いつ失業するか、いつ交通事故で障害を持つことになるのか、いつ配偶者を突然の病気で失うことになるのか分からない世の中に生きている。それは個人の心構えや生活態度、努力といったこととはまったく無関係に起こる出来事である。こう考えてくると、こうした生活事故にあった人たちに対して個人の責任を追及すること

は筋違いであろう。こういう人たちはこの社会に必然的に内在している危険に運悪く遭遇しただけだと考える以外にはない。それならば、その危険を内在せしめている社会そのものが、そうした人たちを積極的に保護し、援助し、救済するべきである。これが「社会的責任の原理」と呼ばれるものである。社会保障は社会的責任の原理が自覚されるようになる20世紀になってから本格的に登場してくることになる。

2　社会的責任の時代から再び個人的責任が強調される時代へ

　21世紀になると、社会保障をとりまく状況が一変したことは冒頭に述べたとおりである。少子高齢時代を迎えて、制度を支える側の若者の人数が極端に減少し、反対に給付を受ける側の低所得者、高齢者、障害者等が増加したために、収支のバランスが崩れ、このままでは財政が持たないのではないか、制度自体が維持できなくなるのではないかという不安を国民のだれもがもつようになってきた。「制度の持続可能性」ということを考えた場合、すべて「社会的責任」ですまされてよいのだろうか、個人でできることは自らやるべきではないか、一定の範囲で個人の責任も認められていいのではないかという主張が次第に広がってくる。この主張を受けて、世界各国は、厳しい財政事情のなかで、一様に、個人の責任を加味した新しい型の社会保障の仕組みを作ろうと模索している。ここでは、アメリカの被扶養児童を有する家庭に対する扶助（AFDC）の改革と日本の生活保護制度のそれとをごく簡単に紹介しておこう。

　アメリカの生活保護制度は、日本と違って制限扶助主義をとっており、高齢者、障害者、母子世帯（AFDC）だけが対象とされている。このうち、国民の批判が集中したのがAFDCである。1960年代に入るとアメリカではAFDC受給者が急激に増加した。離婚が増えたこともももちろんであるが、婚姻外出産による母子家庭が急増したことが特徴である。こうした母親に対して、就労しないで生活保護に依存しているという批判が広がっていくなか、1988年、「家庭援護法」（Family Support Act）が制定された。家庭援護法は、母親を福祉依存から脱却させ就労へと向かわせる法律であり、その内容は、①稼働能力のある

母親に職業訓練の機会を与えて、その後に就職してもらう（JOBS）、②もし訓練を拒否する場合には、地域の公共作業やボランティア活動に従事してもらう（Workfare）、③もしそれも拒否した場合は生活保護給付を支給しないというものであった。もちろん、この法律については、「個人の責任や個人の性格の変更（働くという習慣）のみに着目しており、貧困の原因である大きな経済の力というもの（社会的責任）が見過ごされてしまっている」という反対意見があったことも事実である。しかし、「何もしないで生活保護給付だけを受け続けることはできない」というアメリカの態度はさらに強化され、1996年の「貧困家庭に対する一時的扶助」（TANF）により、生活保護受給期間は生涯で最長5年間に制限されることになった。

　これから20年後、わが国においても同様の政策が採られることになった。社会保障審議会福祉部会に「生活保護制度の在り方に対する専門委員会」が設置され、2004（平成16）年、その報告書のなかで、アメリカの家庭援護法と同じように保護の廃止も含めた内容を持った「自立支援プログラム」の導入が提案された。現在、このプログラムは地方自治体を実施主体として順次実行に移されている。2002（平成14）年には、児童扶養手当法が改正され、児童扶養手当の受給期間が5年を超える場合には手当額を減額し（この措置は現在凍結中）、その代わりに母親の就労を支援するという施策への変更が行われた。

　自立に向けて就労を支援するという目的、それ自体については異論はないが、その方法については慎重な議論を重ねる必要がある。アメリカの最初の頃の就労支援政策は失敗したといわれている。その理由は、とにかく生活保護受給者名簿から脱却させるために、母親を低賃金のパートタイム労働に無理に押し込んだために、医療費や保育料が支払えず、すぐに生活保護に舞い戻ってきたからである。こうしてみると、生活保護受給者の安定した自立生活は、最低賃金、医療、保育、通勤サービスといった幅広い社会政策の支援なかでしかもたらされないことが分かる。また、社会保障給付に期限をつけることについては、生存権保障規定（憲法25条）の存在するわが国でそれが法的に可能かどうか、議論の余地があろう。

また、医療、福祉の分野では、予防重視型システムへの転換が行われようとしている。2005（平成17）年、介護保険法が改正され、要支援者に対してサービスを受けるだけでなく、筋力トレーニングや栄養改善指導などを要求する「新予防給付」が新設された。また、いまは介護保険の対象ではないがその危険性のある予備軍（一般高齢者、特定高齢者）に対して介護予防事業を実施する「地域支援事業」が盛り込まれた。2006（平成18）年には、健康保険法改正、高齢者医療確保法の制定が行われ、40歳から74歳までの生活習慣病予防健診（特定健康診査）と、メタボリックシンドローム予備軍と判定された者に対する特定保健指導が法定された。健診については一定の目標値を立て（国保の場合、特定健康診査65％以上、特定保健指導45％以上）、それに達しない市町村には、後期高齢者支援金の10％をカットするというペナルティが課されることになっている。国民や受給者に予防という一定の行為を要求すること、あるいは、予防措置に対する本人の積極的参加と協力を求めること、これはこれまでの社会保障制度ではあまり見られなかった現象である。これも、個人責任の強調と見れなくもない。もし参加や協力がなかった場合、生活保護と同じように給付が受けられなくなるのか、「被保険者が、正当な理由なしに…指示に従わないときは、保険給付の一部を行わないことができる」（健保法119条、同旨、高齢者医療確保法90条、介保法64条）という規定はどのような場合を想定しているのか、個人責任との関係で議論になるところであろう。また、社会保険はそもそも予め指定された生活事故（疾病とか要介護とか）が起きたときに事後的に給付を行う制度であったのに、予防といういわば事前的なニーズに対応しようとしているこの現象を学問的にどう把握したらよいのか、などなど検討しなくてはならない課題が山積している。

4　社会保障の体系

　社会保障はさまざまな制度から成り立っている。さまざまな制度を一定の原理や機能のもとに理論的に整理し、あるいは秩序だって構成し、1つの学問と

して統合されたものを体系という。確かに、法解釈論の視点からは体系論はそれほど実益がないかもしれない。しかし、社会保障の体系を考える必要があるのは、現行制度の不備や矛盾を指摘できるだけでなく、それをどう改革したらよいのか、望ましい社会保障のあり方を示す指針や方向を提供したり、これからどのような立法が必要かの示唆を与えてくれるからである。社会保障の体系は、研究者によりいろいろなものが提示されているが、ここでは、社会保険とか公的扶助とかいうように保障方法からみた体系と、給付の性格（ニーズ）を基準にしてつくられた体系の2つを紹介することにしたい。

1 保障方法に注目した体系論

1942年、オクスフォード大学のウイリアム・ビヴァリッジ（William Beveridge）は、戦時体制化の連立内閣によって設置された「社会保険とそれに関連する制度に関する委員会」の委員長として、戦後のイギリスの社会保障のあり方を示した重要な報告書を提出した（ビヴァリッジ報告書）。この報告書は正式には「社会保険およびこれに関連する制度に関する報告書」（Report on Social Insurance and Allied Services）という。これによると、ビヴァリッジは、社会保障を、社会保険と国家扶助（national assistance）に体系化している。報告書のなかで、「ここでいう社会保障とは、失業、疾病もしくは災害によって収入が中断された場合、これに代わるための…所得の保障を意味する」と述べているように、ビヴァリッジは、社会保障は基本的には所得保障と理解し、その中心をなすのは社会保険であり、例外的に国家扶助という形でこれを補うことを考えていた。ただ、ビヴァリッジ報告書で重要なのは、これに関連する重要な制度として、①児童手当制度、②予防・治療・リハビリサービスを含んだ包括的な医療制度、③雇用の維持の3つをあげたことである。医療給付は、所得保障とは違う性質のものであるという彼の報告書に基づき、イギリスでは、1946年、社会保険方式ではない国営の「国民保健サービス」（National Health Service）が実施されることになった。

わが国では、1950（昭和25）年の社会保障制度審議会の「社会保障制度に関

図表1-1　社会保険と公的扶助の違い

	社 会 保 険	公 的 扶 助
生活事故の種類	定型的自己	生活困窮一般
給　　　　付	画一的給付	個別的給付
資 産 調 査	な　　し	あ　　り
救 済 の 性 格	防貧的 (事前的予防)	救貧的 (事後的救済)
支配する法理	生存権を基礎 とした生活権	生 存 権
拠　　　　出	あ　　り	な　　し
財　　　源	保 険 料 等	全 額 公 費

出典：林廸廣他著『社会保障法』（法律文化社、1987年）

する勧告」が有名である。この勧告は、戦後の日本の社会保障に対する支配的な考え方となったもので、社会保険、国家扶助（公的扶助）、社会福祉、公衆衛生の4つの柱をもって体系とするものである。社会保険と国家扶助（公的扶助）の違いは図表1-1の通りである。

2　給付の性格（ニーズ）に注目した体系論

　保障方法に着目した体系に対しては、①保険の技術を採るかどうかはその国の立法選択の問題であり、そのことによって給付の性格が明らかになるわけではない、②社会保険と公的扶助が次第に接近していく現象を説明できない（後述16頁参照）といった批判的視点に立って、体系化の基本を、要保障性の構造と程度（ニーズ＝その人がどのような給付を必要としているか）に置くべきだという立場がある。これによれば、社会保障の体系は、所得保障給付と生活障害保障給付という2つの制度から成り立っていることになる。所得保障給付は、所得の喪失または支出の増加に対して必要な金銭を給付するもので、緊急性の程度に応じて、生活不能給付（生活保護）と生活危険給付（年金保険、雇用保険、労災保険、児童手当など）に分かれる。生活障害保障給付は、生活障害（例えば疾病とか心身障害）を除去または軽減するための非金銭的給付（サービス給付）で

あり、労働能力・生活能力を維持したり、回復させたりすることを目的とする。具体的には、保健、医療、リハビリ、施設・在宅サービスなどがここに含まれる。生活障害保障給付は、所得保障給付と違って、サービスを与えるための施設（例えば病院、福祉施設）と専門職員（例えば医師とか看護師、介護士）の配置が不可欠である点が特徴である。この体系を採ると、医療の目的を「労働能力・生活能力の回復」に置くので、たとえ治療はすんだとしても、手足の動きが麻痺しているのであれば、労働能力・生活能力は回復していないので、リハビリまで責任を持ってサービスを提供すべきであるという主張が成り立つ。このように、現行社会保障制度の不備や矛盾を指摘し、望ましい将来の改革の方向を示すことができるという意味で体系論はいまなお意義を有しているといえよう。

　最近は、社会保険と公費によるサービスとの区分は一層あいまいになってきている。国民年金（基礎年金）については、国庫負担を3分の1から2分の1に引き上げる法案が2008（平成20）年6月に成立している。高齢者医療確保法（2006（平成18）年）では、65歳から74歳までの前期高齢者医療制度（納付金）と、75歳以上の後期高齢者医療制度（支援金）には、公費のほかに各種共済や健康保険からの拠出金が導入されている。この納付金や支援金は、これまでのように自己の疾病に備えて自ら保険料を拠出するという社会保険の典型的な姿とは大きく違う性質のものである。したがって、この違った性格をとらえて、これを連帯保険料と呼ぶ研究者もいる。また、年金、医療サービスは社会保険で、他方、高齢者・障害者に対する福祉サービスは公費でまかなうというこれまでの建前も、介護保険法が社会保険方式を採用したために通用しなくなってきている。障害者自立支援法も将来介護保険法との統合が模索された時期もあった。ニーズを基本に社会保障を体系化する理論は、こうした現在のさまざまな改革に対しても、いまなお一定の指針や考え方の基礎、望ましい改革の方向を提供してくれているように思われる。

5　社会保障の歴史的展開

　社会保障制度は、その国の歴史、文化、社会的・経済的状況、政治的体制、財政の様子などさまざまな要素や条件に左右されながらそれぞれの国で独自の発展をとげてきた。ただ、一般的にいえば、大きく2つの流れをみることができよう。それは、公的扶助と社会保険という流れである。やがて両方の流れは社会保障というより高次の概念に統合されていく（**図表1-2**）。

図表1-2　社会保障の発展過程

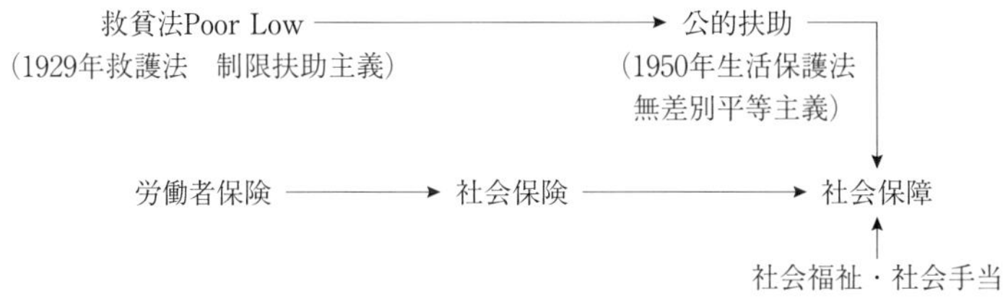

```
救貧法Poor Low ───────────────→ 公的扶助
（1929年救護法　制限扶助主義）　　　（1950年生活保護法
　　　　　　　　　　　　　　　　　　　無差別平等主義）
                                        │
                                        ↓
労働者保険 ──→ 社会保険 ──────────→ 社会保障
                                        ↑
                                   社会福祉・社会手当
```

1　公的扶助の展開

　公的扶助制度は、公費で貧困者の救済を図ろうとする制度であり、その萌芽は1601年のエリザベス救貧法（前述6頁、後述135頁）までさかのぼることができる。わが国では、1874（明治7）年の恤救規則がこれにあたる。恤救とは文字通り「哀れんで救う」ことであり、労働能力のない極貧者、老齢者、障害者、傷病者に対して一定の量の米を支給するものであった。恤救規則の前文には、「済民恤救ハ人民相互ノ情誼ニ因テ其方法ヲ設ヘキ筈ニ候得共目下難差仕置無告ノ窮民ハ…左ノ規則ニ照シ取計置…」とかかれており、この法律が治安維持を目的としていたことが理解できよう。恤救規則はやがて1932（昭和7）年実施の救護法に受け継がれていくことになるが、いずれも、①適用対象者がごく一部の者に限定されていたこと、②受給には、公民権の制限・剥奪などの制裁が伴っていたこと、③性行不良者や怠慢な者は受給対象者からはずされて

いたこと（欠格事由）、④最下層の生活者より低い生活にとどめること（劣等処遇の原則）など、救貧法の思想を色濃く残した立法であった。1946（昭和21）年制定の旧生活保護法も、上記③の欠格事由を含んでおり（旧生保法2条）、その点で救貧法の残滓をぬぐいきれていないところがあった。やがて、20世紀になり、貧困は個人の責任ではなく、社会に内在する危険が顕在化しただけであるという社会的責任の原理が確立すると、本人に対する道徳的非難（欠格事由）や公民権剥奪などの制裁を伴わず、かつ、権利として請求できる型の近代的公的扶助制度が登場してくることになる。イギリスでは、1948年の国民扶助法（National Assistance Act）、日本では、1950（昭和25）年の新生活保護法の制定がそれである。

2　社会保険の展開

労働者保険の誕生　社会保険は、当初、労働者を対象とした労働者保険として誕生した。イギリスでは、19世紀になると、労働者がお互いに一定の拠出金を出し、それをプールして、組合員の生活危機（疾病、失業、死亡など）に対処する自主的な相互扶助組織（例えば友愛組合、friendly society）がつくられていた。次に、産業革命後の悲惨な労働環境を目の当たりにして、各国とも、賃金や労働時間に関して、最低限の労働条件を法定化する労働者保護立法の制定の段階がくる。わが国では、1911（明治44）年制定の工場法が最初のものであろう。この法律は、使用者の反対により実施は1916（大正5）年まで延期されたが、最低就労年齢、年少者・女子の労働時間を1日12時間以内とすること、雇用主の無過失責任による労働者災害扶助制度などの内容が規定されていた。

やがて、直接、労働条件に含ませることは困難であるが、労働者の生活にとっては賃金や労働時間と同じように重大な意味を持つ諸条件（例えば、業務とは関係のない疾病、障害、失業、老齢・退職などによる所得喪失）についても、これを労働者自身の偶然の不運として放置するのではなく、労働条件保護のための方策の1つとして対応しようとする動きが起こってくる。これが労働者保険であ

る。世界最初の労働者保険は、1980年代に、ドイツで、ビスマルク（Bismarck, 1815～98）によって制定された。すなわち、疾病保険法（1884年）、労働者災害補償保険法（1884年）、障害・遺族年金保険法（1889年）がそれであるが、これらの労働者保険は、労働条件の保護＝労働力保全政策としての役割を期待されていたので、受給者は労働者本人に限られており、家族は対象とされていなかった。日本の健康保険法（1922（大正11）年制定、実施は1927（昭和2）年）も、適用対象者は労働者本人だけであり、これが家族にまで拡大されたのはずっと後の1942（昭和17）年になってからのことである。ただし、この時の家族給付は5割であり、現在のように7割給付になったのは1973（昭和48）年のことである。これは、労働者個人のみを保護対象にした労働力保全政策から脱して、家族全体に対する生活保障責任として把握されるようになったことを意味する。また、費用は使用者と労働者双方で負担する形式（労使折半）がとられている。労働者の業務外の傷病に対して使用者が保険料を拠出する根拠としては、当時の資料によれば、多くの国で労使折半主義の思想に傾いてきていること、労使折半主義は労使協調の精神の発露であることなどの説明がなされている。雇用労働者を適用対象とする厚生年金保険法は1944（昭和19）年に制定されている。

労働者保険から社会保険へ　疾病、障害、老齢による所得喪失は何も工場や企業で働いている労働者だけの問題ではなく、農林漁業、自営業従事者にとっても同じように深刻な事態である。だとすれば、当然のごとく、労働者保険の技術が、自営業者や農林漁業者あるいは地域住民へと拡大されていくことになる。これが、労働者保険から社会保険へという動きである。1938（昭和13）年、地域住民を対象とした国民健康保険法が制定された（ただし、任意加入）。国民健康保険法は、1958（昭和33）年に改正され、現在のように市町村を保険者とする強制加入制度となった。この時点で、わが国では全国民が何らかの医療保険に加入することになったので、国民皆医療が実現したと表現される。年金に関しても、1959（昭和34）年、農林漁業者、自営業者、地域住民を対象とした国民年金法が成立したことにより、国民皆年金が実現した。

しかし、こうした歴史的展開過程をたどったことにより、わが国では社会保障制度が、公務員、被用者、自営業者ごとに分かれて成立することになった。そのため制度が複雑でわかりにくく、また、制度ごとに負担と給付が違う不公平さが問題となっている。被用者を対象とした健康保険や厚生年金と比べて、農林漁業・自営業・地域住民を対象とした国民健康保険と国民年金は、使用者の保険料負担がないこともあり、その給付水準の低さが早くから批判の的となってきた。国民健康保険は、給付水準が5割から現在のように7割に引き上げられたのは、世帯主が1963（昭和38）年、その家族は1968（昭和43）年になってからのことである。一方、2002（平成14）年の健康保険法の改正により、被用者の自己負担分が2003（平成15）年より2割から3割に引き上げられ、形の上では健康保険法と国民健康保険法の給付水準は7割で統一された。しかし、療養のために仕事につくことができない期間の所得を保障する傷病手当金は、国保では任意給付であるためこれを実施している市町村は少なく、依然として健保と国保の給付格差は存在している。また、国民年金は、厚生年金の報酬比例部分（いわゆる2階建て部分）がないために、低い給付水準に抑えられている。そのため、医療と年金の両分野とも制度の一元化が議論されているが、一元化した場合の保険料使用者負担分をどうするかなどクリアーしなければならない課題も多い。

社会保険から社会保障へ　社会保険は一定の保険集団のなかで、保険という方法を用いて被保険者間にリスクの分散を図ろうとする制度である。ある生活事故（疾病とか老齢とか）に備えて日頃から保険料を強制的に拠出させ、もし保険事故が発生したら、反対給付として保険金（社会保険給付）が支払われる仕組みになっている。したがって、社会保険においては、保険料と保険金（給付）がつりあっていることが必要である（保険原理または収支相当の原則）。しかし、工場労働者や企業労働者だけでなく地域住民を対象にし、しかも国民全員を加入させるとなると、保険原理は維持できなくなる場合がある。なぜなら、保険料負担の難しい低所得者や、高齢者・障害者を含むとなれば、当然にして、その者については保険料減免・免除の措置をとらざるを得

ず、その分は国庫が負担する以外にはないからである。ここに、保険料は負担していないが、保険金（給付）は受け取るという保険原理では説明がつかない現象が起きてくる。これを「保険原理に対する扶養原理の優越」という。今日、社会保険制度においては、程度の差はあれ、何らかの形で保険料のほかに公費（租税）が導入されているのが普通である。

　また、公的扶助と社会保険の違いとして、公的扶助は全額公費で賄われるが、その代わりに、その者が本当に最低限度の生活を営めない状態にあるかどうかを判定するための資産調査（ミーンズテスト、means test）をともなっているのが特徴であった。ところが、最近になって、社会保険でもないし公的扶助でもないという中間的形態の給付が現れてきた。例えば、1961（昭和36）年制定の児童扶養手当法は、離婚・死亡等の理由により父親と生計を同じくしていない児童を扶養する母親に対して児童扶養手当を支給する制度であるが、この母親は児童扶養手当保険料を支払っているわけではないのに（全額公費）、かといって受給要件として資産調査が課されているわけでもない。1971（昭和46）年の児童手当法も同じである。このような中間的給付の出現は、社会保険と公的扶助との判然とした区別が難しいことをあらわしており、両者はより高い次元で社会保障という概念に包摂されていく運命にあることを物語っている。ILO『社会保障への途』（1942年）はそのことを次のようにいっている。

　「こんにちの発展を正しく読み取るならば、社会扶助と社会保険とはお互いにますます接近してきているといえる。長い進化の極点ではこの２つは交わって１つのものとなるであろう。われわれは、社会扶助と社会保険のいずれが支配的であるか決定できず、そこには社会保障という１個の国民的な制度があるということができる」。

《参考文献》
荒木誠之『社会保障法読本〔新版補訂〕』（有斐閣、2000年）
西村健一郎『社会保障法』（有斐閣、2003年）
清正寛・良永彌太郎編著『論点社会保障法〔第３版〕』（中央経済社、2003年）

堀勝洋編『社会保障読本〔第3版〕』（東洋経済新報社、2004年）
窪田隼人・佐藤進・河野正輝編『新現代社会保障法入門』（法律文化社、2005年）
河野正輝・中島誠・西田和弘編『社会保障論』（法律文化社、2007年）
椋野美智子・田中耕太郎『はじめての社会保障〔第7版補訂版〕』（有斐閣、2007年）
阿部和光・石橋敏郎編著『市民社会と社会保障法〔新版〕』（嵯峨野書院、2007年）
古橋エツ子編『初めての社会保障論』（法律文化社、2007年）
久塚純一・山田省三編『社会保障法解体新書〔第2版〕』（法律文化社、2007年）
西村健一郎『社会保障法入門〔補訂版〕』（有斐閣、2010年）
本沢巳代子・新田秀樹編『トピック社会保障法〔第3版〕』（不磨書房、2009年）
河野正輝・江口隆裕編『レクチャー社会保障法』（法律文化社、2009年）
堀勝洋『社会保障・社会福祉の原理・法・政策』（ミネルヴァ書房、2009年）
加藤智章・菊池馨実・倉田聡・前田雅子『社会保障法〔第4版〕』（有斐閣、2009年）
佐藤進・児島美都子編『私たちの社会福祉法〔第2版〕』（法律文化社、2005年）
山田耕造編『テキストブック現代社会福祉法制』（法律文化社、2007年）
河野正輝・阿部和光・増田雅暢編『社会福祉法入門〔第2版〕』（有斐閣、2008年）
石橋敏郎・山田晋編著『やさしい社会福祉法制〔新版〕』（嵯峨野書院、2008年）
西村健一郎・品田充儀編著『よくわかる社会福祉と法』（ミネルヴァ書房、2009年）

【石橋敏郎】

第2章　社会保障と憲法・法律、社会保障争訟

ポイント

＊国家の「社会的責任の原理」のもとに社会権が承認され、社会保障は法治主義を基底とする憲法において国の責務として明記されている。
＊憲法25条の法的性格については、プログラム規定説、抽象的権利説、具体的権利説の諸説が存在する。
＊わが国では、行政不服申立ておよび行政事件訴訟による争訟裁断の仕組みが用意されており、社会保障の憲法・法律適合性は最終的に裁判所によって審査されることになっている。

1　社会保障と憲法・法律

1　法治主義の考え方

　法治主義に先立つ絶対主義の時代においては、国は「人治主義」に基づき運営されていた。しかし、その「人」である絶対君主の横暴や啓蒙思想を背景に市民革命が起こり、人々は自らの人権を守るために憲法を制定し（立憲主義）、人々の代表者がその都度作成する文書、すなわち「法律」を権力者に守らせるという法治主義による運営のしかたを選択した。権力者に権力を委ねる代わりに人々の人権保障を約束させ（社会契約）、その約束が破られないよう裁判所に監視させる。ここに憲法・法律に基づく国の運営を基本原理とする「法治主義」が成立するのである。

　この時、絶対君主の圧政に苦しんだ人々は「自由権」、なかんずく財産権を重要視し、権力者には課税権をはじめとする国家権力をなるべく行使させない

ようにした(「夜警国家」「消極国家」)。つまり、権力者が誰になろうとも、憲法・法律により、何よりも人々の「自由」が安定して守られるような仕組みを構築したのである。

そのような仕組みを前提にして、前章で見たようにおおむね20世紀になると、国家には人々の生存への配慮が義務として課されるという国家の「社会的責任の原理」が承認されることとなり、自由権の保障を基調として成立した法治主義のベースの上に、今度は社会保障の実現もが憲法・法律を通じて目指されることになるのである(「福祉国家」「積極国家」)。

2　社会保障法の法源

ここで社会保障に関する法を「社会保障法」と呼ぶとして、この「法」はどのような姿で存在しているのだろうか。この存在形式のことを法源という。法源には大別して、明文で規範になっているもの(成文法源)と、明文では規範になっていないが事実上規範としての拘束力をもっているもの(不文法源)とがある。憲法や法律は規範を文章で表しているので成文法源の代表格である。成文法源には、ほかに、命令(政省令等)、条約、地方政府レベルで条例、規則があり、不文法源には、慣習法、判例法、条理等がある。

成　文　法　源　まず、憲法は、生存権をはじめとする人権規定、社会保障を行う行政の組織や作用に関する基本原則など、社会保障に関するさまざまな規定をおいている。その限りで憲法も社会保障法の法源である。

そして、憲法の社会保障に関する基本原理を具体的に実現するために、多くの法律が制定される必要がある。これら法律は国会が制定する規範であり、社会保障法の中心となる法源である。

さらに、この法律自体、基本的事項しか書けない場合が通例で、これら法律の規定を執行するために、あるいは法律から委任を受けたりして、法律の規定の具体化を図る規範が命令である。この命令には、内閣が制定する政令(多くは「○○法施行令」という)、内閣総理大臣が制定する内閣府令、各省大臣が制

定する省令（多くは「○○法施行規則」という）、委員会・庁の長官が制定する外局規則などがある。

また、国際的に取り交される約束、すなわち、国家間、国家と国際機構の間、または国際機構相互間において締結される合意があり、これを条約という。批准された社会保障に関係する条約は、社会保障法の法源となる。

さらに、社会保障は地方公共団体の主たる任務でもあり、地方の実情に応じて社会保障の独自の施策を実施するため、地方議会の議決により条例が制定されることがある。この条例と、地方公共団体の長により制定される規則も、社会保障法の法源となる。

不文法源 不文法源については、まず、慣習法があげられる。これは、長年にわたる慣習が一般国民の法的確信を得て、法規範と認められるに至ったものである。社会保障の領域では慣習法の成立は稀だと考えられるが、例えば行政の内部的な指針にすぎない通達につき、ある取扱いがその通達に基づき一定期間繰り返し運用され、人々の間に法的確信をもたらすような状態に至れば、それを慣習法として認めるべきとの見解がある。

次に、判例があげられる。判例は、それ自体先例としての拘束力をもつわけではないが、同内容の判例が繰り返されると、それが実質的には、あたかも法規範のように機能することがあり、それが判例法と呼ばれるものである。

さらに、条理がある。条理は、具体的な法的紛争の解決に適切な法規範が見つからないときに補充的にもち出される「社会通念」とか「事物の本質」といわれるものである。「法の一般原則」とも呼ばれ、信義則、平等原則、比例原則などもこれに属する。

なお、行政組織の内部で発せられる通達や要綱などは法源にはあたらず、裁判所もこれを「法」として取り扱うことはしない。しかし、現実にはそこに給付の要件や基準が書かれていることも稀ではなく、例えば要綱に基づく給付拒否などは法的に統制する必要も指摘されている。

3　社会保障と憲法

憲法第25条の法的性格　憲法第25条第1項は、「すべて国民は、健康で文化的な最低限度の生活を営む権利を有する」と規定する。この権利の性格をめぐっては、プログラム規定説、抽象的権利説、具体的権利説の諸説がある。まず、プログラム規定説は、25条は、国に政治的・道徳的責務を課したにすぎないもので、実際に社会保障の仕組みをどう作るかは立法に委ねられると解するものである。これに対して、抽象的権利説は、25条においては、抽象的ではあるが国民に「法的権利」が保障されていることを承認し、これに対応する立法義務が国に課されているとする。したがって、場合によっては、25条の規定に照らして不十分な立法は違憲だとされることもあり得ることになる。ただし、裁判上25条だけを根拠にして具体的な給付を請求できるわけではない。この点、具体的権利説は、直接25条に基づいて「健康で文化的な最低限度の生活を営む」ための給付を請求できると解する立場である。学説の多数は抽象的権利説をとっているものと解される。

判例は、朝日訴訟最高裁大法廷判決（最大判昭和42年5月24日民集21巻5号1043頁）で、傍論としてではあるが、憲法25条1項は「すべての国民が健康で文化的な最低限度の生活を営み得るように国政を運営すべきことを国の責務として宣言したにとどまり、直接個々の国民に対して具体的権利を賦与したものではな」く、「具体的な権利としては、憲法の規定の趣旨を実現するために制定された生活保護法によってはじめて与えられているというべきである」とした。しかし、「現実の生活条件を無視して著しく低い基準を設定する等憲法および生活保護法の趣旨・目的に反し、法律によつて与えられた裁量権の限界をこえた場合または裁量権を濫用した場合には、違法な行為として司法審査の対象となることをまぬかれない」とも述べ、場合によっては違憲・違法をも導く規範であることを承認している。したがって、最高裁も、上記分類でいえば、25条を抽象的権利として理解しているものと解される。

憲法25条1項と2項の関係　また、憲法25条の1項と2項の関係については、まず、両者の関係は一体的関係にあると考える「1項2項一体

論」があり、それによれば、1項は生存権保障という目的ないし理念を示したものであり、2項はその目的・理念の実現に努力すべき国の責務、その達成のための方法を示したものであるとされる（佐藤進・西原道雄編『社会保障判例百選〔初版〕』(1997年、有斐閣) 18頁)。

これに対し、「1項2項峻別論」があり、これに依拠する代表的な判決が堀木訴訟控訴審判決（大阪高判昭和50年11月10日）である。すなわち、「本条第2項は国の事前の積極的防貧施策をなすべき努力義務のあることを、同第一項は第2項の防貧施策の実施にも拘らず、なお落ちこぼれた者に対し、国は事後的、補足的且つ個別的な救貧施策をなすべき責務のあることを各宣言したものである」と解する。そうすると、2項に基づいて国が行う個々の社会保障施策については、立法府の裁量に委ねられる度合いが、「1項2項一体論」よりも広くなることになる。なお、この堀木訴訟の最高裁判決（最大判昭和57年7月7日）は、峻別論を否定し、2項を具体化する法律についても「健康で文化的な最低限度の生活」の保障を満たすか否かという基準の適用を肯定している。

2　社会保障と行政手続

行政手続法　基本的に社会保障は、法律が制定され、その法律に基づいて行われる様々な行政の活動によって実施される。この行政による社会保障の実現が、憲法や法律の理念にふさわしい形でなされているのかについては、それを担保する仕組みが必要となる。その代表的なものとして、わが国では、事前の行政手続の規制の仕組み、事後の行政不服申立ておよび行政事件訴訟による争訟裁断の仕組みが用意されている。

まず、事前の行政手続の規制については、行政全領域に妥当する一般法として、1993（平成5）年に行政手続法が制定されている。ここで規律されたのは、許可や認可などの「申請に対する処分」、命令や禁止などの「不利益処分」、そして「行政指導」、「届出」であり、後に「意見公募手続」が加えられている。

例えば、生活「保護の開始の申請があったときは…決定し」（生保24条1項）というのは「申請に対する処分」にあたり、また、介護老人福祉施設の許可の取消し（介保104条1項）は「不利益処分」の例にあたる。さらに、生活保護の「被保護者に対して、生活の維持、向上その他保護の目的達成に必要な指導又は指示をすることができる」（生保27条1項）は「行政指導」にあたるものである。

もっとも、行政手続法は「金銭の給付決定の取消しその他の金銭の給付を制限する不利益処分」については適用しないこととしており（行手13条2項4号、生保29条の2）、例えば、生活保護の「被保護者が保護を必要としなくなった時は、すみやかに、保護の停止又は廃止を決定し」（生保26条）という不利益処分には行政手続法の適用はなされない（生保29条の2）など、社会保障の特殊性に応じて行政手続法の規定に修正を施す特別規定も、社会保障法関係立法には少なくない。

以下、行政手続法に沿って、「申請に対する処分」「不利益処分」「行政指導」について説明を加えることとする。なお、地方公共団体の条例に基づいて行われる活動には、当該地方公共団体の制定した行政手続条例が適用される。

申請に対する処分 行政手続法5条によれば、申請に対する処分について、行政庁は、その審査基準をあらかじめ設定し、公にしておかなければならない。例えば、申請を受けてする生活保護開始の決定をするにあたっては、あらかじめその基準を設定し公にしておくことが必要である。

次に、行政庁は、この決定が申請されてどれくらいの期間でなされるのかという標準処理期間を定めるよう努力義務が課せられている（行手6条）。申請は事務所に到達したらすぐに審査をはじめなければならず（行手7条）、申請を拒否するときに理由を付記する（行手8条）ことも併せて規定されている。この「理由付記」が必要な理由は、最高裁によれば、行政の適正を確保するためと不服申立て・争訟の提起の便宜のためと解され、したがって、これに役立ちうる程度の理由を付記する必要がある。

不利益処分　不利益処分、例えば介護老人福祉施設の許可の取消し（介保104条1項）のような行為をするにあたっては、行政庁は、まず、処分基準、つまり、いついかなる処分を発するのかの基準を策定するよう努力義務が課されている（行手12条）。基準を策定することによってかえって違反状態を助長してしまうという場合等は策定しなくてもよい。

そして、13条で、処分の前に相手方の主張を聴くという手続きが定められている。具体的には、資格を剥奪するといった、程度の重いものについては「聴聞」、そうでないものについては「弁明」の機会を付与することが求められている。このうち聴聞は、事前手続のなかでも（理由付記等と並び）重要度の高いものであると解され、場合により、処分の適否にかかわらず、手続が不十分ということだけで処分の違法をもたらすことがある。申請の拒否の場合と同様、不利益処分についても理由の付記が求められる（行手14条）。

行政指導　例えば、生活保護の「被保護者に対して、生活の維持、向上その他保護の目的達成に必要な指導又は指示をすることができる」（生保27条1項）という場合の指導や指示が行政指導の例にあたる。行政指導は法的拘束力をもたない事実行為であるが、例えば生活保護受給者に自動車の使用をしないよう指示する行政指導のように、実質的に相手方に従わざるを得なくさせる場合もあるので、行政手続法は、相手方が指導に従わなかったことを理由とする不利益的取扱いの禁止（行手32条）を規定している。生活保護法も、27条1項の指導または指示については、「第1項の規定は、被保護者の意に反して、指導又は指示を強制し得るものと解釈してはならない」（生保27条3項）と規定する。

また、行政庁は、相手方に対して当該行政指導の趣旨・内容・責任者を明確に示すべきものとし、その点を記載した書面の交付を求められたときには特別の支障がない限り応じる義務を行政庁に負わせ（行手35条）、同一の行政目的を実現するため一をことさらに示して指導に従うことを余儀なくさせてはならない（行手34条）ことを確認するなど、いくつもの規制規範をおいている。

3　社会保障と行政不服申立て

行政不服申立て　例えば、生活保護を申請したにもかかわらず開始しない旨の決定がなされたり、生活保護の廃止の処分がなされたり、あるいは介護老人福祉施設の許可の取消しがなされるなどした場合に、これら行為が法律等に照らして正しいのかどうか判断される仕組みが社会保障争訟といわれるものである。社会保障の実現は私人間や民間のレベルにおいて行われることもあるが、行政によって実現される部分に関しては、社会保障争訟は行政不服申立てと行政事件訴訟の方法が中心となる。

まず、行政不服申立てとは、行政機関に対し不服を申し立て、その審理・判断を求める争訟手続をいう。このための一般法として行政不服審査法が制定され、その上に、特別規定が作られていれば、その部分はそれによることになる。行政不服審査は、後に述べる行政事件訴訟に比べ、簡易迅速な手続きで権利救済を実現できる点に特徴があり、「行政の適正な運営を確保」にも資することが期待されている。

不服申立ての対象・種類　行政不服申立てには、処分をした行政庁に対して行う「異議申立て」、処分をした行政庁の上級庁（監督庁）など、処分庁以外の行政庁に対して行う「審査請求」、そして法所定の場合に法所定の機関にできる「再審査請求」（行審8条）の3種類がある。処分庁が自身の行為の審査をする異議申立ての場合よりも客観性を保つことができるため、不服申立てでは審査請求が原則となる。しかし、上級庁がない場合などには異議申立てをすることになり（行審6条）、審査請求か異議申立てか、どちらか1回のみというのが原則である。

なお、申立ての対象は「処分」だけでなく、申請をしたにもかかわらず返答をしないなどの「不作為」も含まれる（例えば、生活保護の申請をしたが何らの決定も行われないという状態）。この時は、単に事務処理の促進を求めるだけだから、処分庁、上級庁のいずれにしてもよい（行審7条）。

以上は行政不服審査法上の原則であるが、個別法で別に不服申立てのしかたが規定されていればそれによる。例えば、生活保護法では、市町村長が19条4項に基づき権限を委任した行政庁（福祉事務所長）が行った処分についての審査請求は、都道府県知事に対してすることとされている（生保64条）。

不服申立ての提起　不服申立てを提起できるのは、直接自己の権利利益が侵害された者（自然人のみならず法人、さらには人格なき社団・財団も可能）である。申請を拒否された者や処分の名宛人は問題なくこれに含まれる。

　不服申立ては、処分があったことを知った日の翌日から起算して60日以内にしなければならず（行審14条1項、45条）、異議申立てを経て審査請求を行う場合（及び審査請求を経て再審査請求を行う場合）には、それぞれ決定・裁決から30日以内となる（行審14条1項、53条）。仮に処分があったことを知らなくても、処分があった日の翌日から起算して1年経過すれば、正当な理由がない限り不服申立てはできなくなる（行審14条3項、48条）。個別法に異なる規定がおかれればそれによるのは上記と同様である。

　この行政不服申立ての手続きは、一般の国民には相当に複雑であるので、利用困難を来たさないよう教示制度が設けられている。すなわち、不服申立てのできる処分をするに際しては、不服申立てができる旨、不服申立てをすべき行政庁、不服申立期間などを相手方に書面で教示する義務を行政庁に課しており（行審57条）、万一教示を誤ったり怠った場合も、相手方の不利にならないよう配慮がなされている（行審46条）。

不服申立ての審理　行政不服審査は、訴訟と比較すると、（行政権と司法権というような）権力分立原則からの制約が働かないため、適法・違法のみならず当・不当の判断にも及ぶ。その審理は、手続きを職権で簡易迅速に進めるため、書面審理を原則とする（ただし申立人から申立てがあれば、口頭で意見を述べる機会を付与しなければならない。行審25条1項）。

　不服申立てが提起されても、処分の効力が停止されるわけではない（行審34条1項）。ただし、上級庁である審査庁などが、「必要があると認めるとき」

は、請求人の申立てにより、または職権で、執行を停止できる（つまり、許可取消しの効力が停止し、許可がなされている状態に戻る。行審34条2項・3項）。また、処分の相手方が「重大な損害を避けるため緊急の必要」がある時は、執行停止しなければならない（行審34条4項）。この点は、後に見る行政事件訴訟に比べると執行停止の要件はかなり緩められているといえる。やはり、権力分立原則からの制約が働かないからである。

不服申立てに対する判断　異議申立てに対する審査機関の判断を「決定」、審査請求に対する判断を「裁決」という（再審査請求も「裁決」）。請求に理由がある時は「認容」、ない時は「棄却」、不服申立ての資格を欠くなど不服申立て自体が認められない場合は「却下」となる（したがって「認容裁決」「棄却決定」「却下裁決」などという）。裁決・決定は行政行為の一種であると解され、関係行政庁に裁決・決定の趣旨に即した行動をするよう義務付ける（これを「拘束力」という。行審43条1項）。これは、棄却や却下には認められない（通説・判例）。なお、裁決・決定を行った行政庁は、その行為を取り消すことはできない（これを「不可変更力」が伴うなどという）。裁断という行為に取消しはそぐわないからである。

決定・裁決は書面でなされ、原処分の全部もしくは一部を維持する場合には、原処分を正当とする理由を必ず書かなければならない（「理由付記」）。この場合も、行政手続の場合と同様、理由の不備はそれだけで違法となり得る（判例）。請求に理由がある場合でも、請求認容により公の利益に著しい障害ある時は、処分の違法または不当を宣言したうえで請求を棄却することができる（これを「事情裁決」という。行審40条6項、48条）。

4　社会保障と訴訟(1)——行政訴訟一般

行政事件訴訟法　戦後、日本国憲法への移行に伴い、明治憲法下で存在した行政裁判所は特別裁判所として否定され（憲法76条2項）、行政事件も民事訴訟の一環として司法裁判所の管轄となった。しかし、

「平野事件」（大臣に対する公職追放決定に対し、大臣から提起された地位保全を求める仮処分を認容）を契機に、1948（昭和23）年「行政事件訴訟特例法」が制定され、いわゆる「処分」に関する争いについては訴訟上、民事訴訟とは異なる特殊な取扱いがなされるようになった。これをもとに1962（昭和37）年に行政事件訴訟法が制定された。

行政事件訴訟のうち、自己の法律上の利益に関わるもの（これが訴訟の本来のかたち）を主観訴訟といい、抗告訴訟と当事者訴訟がこれにあたる。このうち、抗告訴訟は、「行政庁の処分その他公権力の行使に関する不服の訴訟」（行訴3条1項）であり、優越的な立場から一方的に行ってくる行為（「処分」）に対するもの（例：生活保護の申請拒否）であり、これに対し、当事者訴訟はあくまでも対等当事者間の争い（例：父に認知されると手当が打ち切られる扶養児童が前段階で提起する、認知されても児童扶養手当を受給できる地位の確認を求める訴訟）である。行政事件訴訟制度は、その成立の経緯からしても、抗告訴訟、なかんずく取消訴訟が中心となる。

抗　告　訴　訟　抗告訴訟には、行訴法2条に定めのある、(1)取消訴訟、(2)無効等確認訴訟、(3)不作為の違法確認訴訟、(4)義務付け訴訟、(5)差止訴訟、そして行訴法には定めのない(6)無名抗告訴訟がある。

(1) **取消訴訟**　例えば生活保護の廃止処分など、処分がなされた場合に、この処分の取消しを求める訴訟である。規定上は、たんに取消訴訟ができることを定めているにすぎないようにみえるが、例えば、生活保護を廃止するかどうかについては行政庁に第1次的判断権があるとされ、これを処分の相手方が争うには、この処分の取消しを求めるという方法でしか争えないこととされている（これを「取消訴訟の排他性」と呼ぶ）。それゆえ、処分がなされているのに、この処分をさしおいて、生活保護を受給できる地位の確認や、給付を求めるなどの当事者訴訟は提起できないのである。

なお、取消訴訟には「処分」の取消しと「裁決」の取消しを求めるものがあり、裁決の取消訴訟では処分の違法を理由にできない（これを「原処分主義」という。行訴10条2項）。もし、依然として処分に不服がある場合は、不服申立て

により裁決・決定を経たとしても、処分の取消訴訟を提起することになる。

(2) 無効等確認訴訟　以上の取消訴訟には出訴期間の制限があり、それを途過するともはや争えなくなる（これを処分に「不可争力」が伴うなどという）。しかし、違法の程度がひどい場合など（一般に「重大かつ明白な瑕疵」があるといわれる）、争えないとすることによって当事者に不利益を甘受させることが著しく不合理であると考えられる場合には、例外的に、処分の効力の有無等を確認する訴訟、すなわち、無効等確認訴訟が用意されている。例えば、国民健康保険税の賦課処分が人違いであって瑕疵が「重大かつ明白」であるから無効だと思って無視していたところ、強制徴収の手続きに入られた時に、この賦課処分の効力がないことの確認を求める場合などがこれにあたる。

無効等確認訴訟を提起する資格（原告適格）のある者は、通説・判例によれば、当該処分により損害を受けるおそれのある者、その他「法律上の利益を有する者」で「現在の法律関係に関する訴えでは目的を達せられない場合」である（行訴36条参照。ただし読点の位置に注意）。

現在の法律関係に関する訴えとは、民事訴訟や当事者訴訟がこれにあたり、例えば、無効な国民健康保険税の賦課処分でも、払ってしまっていたら、その返還を求める当事者訴訟を提起すれば目的を達せられると考えられるので、これによることになり、その途中で賦課処分の無効が問題化したときに行政庁を訴訟参加させて、そこで処分の効力を争う（この場面を「争点訴訟」という。行訴45条）のである。

なお、本来「重大かつ明白な瑕疵」のため効力を有しない処分・裁決が対象となるため、出訴期間、審査請求前置などは適用されない。

(3) 不作為の違法確認訴訟　例えば生活保護開始の申請のように、法令に基づく申請に対し、相当な期間内に行政庁の応答がない場合の違法性を確認する訴訟である（行訴3条5項）。行政庁に一定の行為（例えば保護開始決定処分をなすこと）を義務づけるものではないので、不作為の違法確認訴訟に勝訴しても、その後下される処分が拒否処分であることもある（その時には今度は取消訴訟で争うことになる）。なお、「相当な期間内」とは、行政手続法の「標準処理期間」

（行訴6条）におおむね等しいであろうが、必ずしも同一ではない。

(4) **義務づけ訴訟**　行政庁が一定の処分をすべき旨を命ずることを求める訴訟である。例えば、保育園への入園拒否処分がなされたとして、これを取消訴訟で争っていたのでは、判決がなされる頃には、通園の期間が残りわずかということも考えられる。そこで、一定の要件を充たす場合には、行政庁に入園を義務付けることを求めることができるというのがこの訴訟である。

(5) **差止訴訟**　行政庁に一定の処分をしてはならない旨を命じることを求める訴訟である。例えば、生活保護の廃止処分がなされようとしている場合に当該廃止処分をなしてはならない旨を命じることを求めて提起する場合がこれにあたる。義務付け訴訟と差止訴訟は、2004（平成16）年の行訴法の改正により、新たに法定の抗告訴訟に仲間入りした類型であり、これらの活用が期待されている。

(6) **無名抗告訴訟（法定外抗告訴訟）**　以上のような行訴法に定められた「法定抗告訴訟」のほかにも、通説・判例は、補充的に法定外の抗告訴訟が許されると解している。

当事者訴訟　当事者訴訟には、法律で当事者訴訟が指定されている形式的当事者訴訟と、法律関係の中身が公法的なものである場合に利用される実質的当事者訴訟とがある。形式的当事者訴訟は、例えば、土地収用法133条の損失補償、自衛隊法105条9項・10項、防衛施設法17条の施設利用に対する補償、著作権法72条の補償金供託などに関する訴えがこれにあたる。土地収用の例の場合、収用自体には同意があるが補償額が不満なとき、収用裁決の効力は争わせず、個別の法律で規定をおき、補償額の増減のみを形式的に当事者訴訟で争わせるのである。この時は起業者と土地所有者の間の訴訟となる。

これに対し、争われる法律関係の性質が「公法上」のものについて用意されているのが実質的当事者訴訟である。例えば、国籍の確認や公務員の俸給をめぐる争いは典型的に「公法」的であるとされてきた。おそらく、社会保障をめぐり国や地方公共団体と国民・住民との間で構築される法律関係も基本的に

「公法」的だと解されよう。

しかし、「公法」的かどうかの基準ははなはだ不明確であり、実際にも「公法」の基準を立てることに努力が払われることはされず、反対に、実質的当事者訴訟に適用される行政庁の訴訟参加、職権証拠調べ、行政庁への判決の拘束力を必要とする事例に「公法」と性格付けがなされ、当事者訴訟が利用されるという傾向すらあった。その結果、これまで当事者訴訟はあまり活用されなかったといってよいであろう。

しかし、2004（平成16）年の行政事件訴訟法改正の目玉の1つとして、4条に、「公法上の法律関係の確認の訴え」という文言が明示され、確認訴訟を中心とする実質的当事者訴訟の活用が目指された。処分が存在すれば取消訴訟によらなければならないが、処分が介在しないところでは、この実質的当事者訴訟の利用に対する期待は格段に高くなっているといえる。

客観訴訟　以上の主観訴訟に加え、行政事件訴訟には自己の法律上の利益に関わらない資格で提起できる客観訴訟として、民衆訴訟（行訴5条）と機関訴訟（行訴6条）がある。前者には、地方自治法の定める住民訴訟（自治242条の2）、公職選挙法の定める選挙訴訟（公選202条以下）などが、後者には、地方自治法の定める代執行訴訟（自治245条の8）などがある。いずれも、法律に定める場合において、法律に定める者に限り提起できる（行訴42条）。

5　社会保障と訴訟(2)──取消訴訟

処分性　取消訴訟の対象となるのは「行政庁の処分その他公権力の行使に当たる行為」（行訴3条2項）である。これに該当するかどうかを「処分性」という。もし、行政庁の何らかの処分が介在すれば、争いはこの処分の取消しを求める取消訴訟によることが大原則となる。処分はおおむね学問上の「行政行為」に該当する。最高裁も、「行政庁の処分」を「直接国民の権利義務を形成しまたはその範囲を確定することが、法律上認

められているもの」とし、行政行為とほぼ同視していると解される（最判昭和39年10月29日）。したがって、私法上の法律行為（例：普通財産の払下げ）、事実行為（例：保険医に対する戒告）、内部行為（例：消防長の同意）、一般的抽象的行為（例：通達など行政立法）などは「処分性」をもたない。

　社会保障の領域においては、例えば生活保護の受給など、性質からみると契約であるような行為についても、生活保護法で申請について決定するという、処分の形式をとっている場合も多い。これを処分と見立て（これを「形式的行政処分」と呼ぶ）、争いを取消訴訟で解決することとすれば、救済の手段として便宜に機能する場合も多いであろう。しかし、これにより、例えば出訴期間が過ぎればもはや争いえなくなると解することになれば、かえって救済の道を狭めることになるなど、取消訴訟制度に内在する制約も存在する点に注意を要するのである。

原告適格　取消訴訟を提起できるのは、「法律上の利益を有する者」である（行訴9条）。例えば、生活保護の廃止処分や介護老人福祉施設の許可取消しなど、自己の権利利益に不利益を及ぼす処分であれば、処分の相手方（名宛人）は、ほぼ当然に原告適格を有すると解される。これまで原告適格で問題とされてきたのは、そうではない「第三者」であって、例えば、建築確認と隣人、公共施設（空港、ごみ焼却場等）と付近住民、鉄道料金値上げ・路線変更と利用者、史跡指定解除と学術研究者、などである。社会保障の領域では、紛争は処分の名宛人との間で生じるのが多いと考えられるが、介護老人福祉施設の許可取消しを利用者が争う場合など、第三者の原告適格の議論状況にも目を向けておく必要があろう。

　なお、判例は、「法律上の利益」を、一貫して処分の根拠となっている法律が保護している利益（「法律上保護された利益説」）と解している。したがって仮に、行政法規が公益（一般的利益）目的のために行政権を制約していて、その結果、たまたま利益を得ているとしても、それは「反射的利益」であって「法律上の利益」ではないことになる。ただし、判例は、実質的にはかなり柔軟な解釈をし、原告適格の拡大の傾向がみてとれる。法律上も、2004（平成16）年

の行訴法改正の折りに9条2項が新設され、第三者の原告適格の有無を判断する際の考慮事項を明記するなど、原告適格拡大が企図されたところである。

> 取消訴訟のその他の要件

行政不服申立てとの関係につき、処分に対しては一般に不服申立てが可能であるが、不服申立てをしないで直ちに取消訴訟の提起をすることもできる（これを「自由選択主義」という。行訴8条）。ただし、不服申立てを先にすべき旨の法律の規定があれば、不服申立てをしたあとでなければ訴訟を提起できない。

出訴期間は、処分または裁決を知った日から6ヶ月である（行訴14条1項）。処分があったことを知らなくても1年を経過すれば、正当な理由がない限り取消訴訟を提起できなくなるのは不服申立ての場合と同様である。なお、無効等確認訴訟、当事者訴訟にはこのような出訴制限はない。

取消訴訟の被告は、処分をした行政庁が属する国や地方公共団体である（行訴11条1項）。提起する裁判所は、その行政庁の所在地の地方裁判所が原則であるが（国の官庁の場合には東京地方裁判所）、国を被告とする場合には、原告の普通裁判籍の所在地を管轄する高等裁判所の所在地を管轄する地方裁判所にも提起できる（例えば熊本市の人は福岡地方裁判所に提起できる。行訴12条4項）。

> 取消訴訟の審理

民事訴訟は基本的に当事者の主張したことのみを材料に判断を下すのを原則とするが（これを「当事者主義」「弁論主義」と呼ぶ）、取消訴訟においては、行政活動は公益にもかかわるため、裁判所は、必要と認めるとき職権で証拠調べをすることができるとされている（ただし、刑事訴訟の「職権探知主義」にまでは至らない。行訴24条）。また、判決は以下にみるように「対世効」をもつので、第三者や他の行政庁の訴訟参加が認められる（22条・23条）。

取消訴訟が提起されても、「処分の効力、処分の執行又は手続の続行を妨げない」のは、不服申立ての場合と同様である（執行不停止原則）（行訴25条1項）。ただし、「重大な損害を避けるため緊急の必要性がある」と解される場合であれば（例えば介護老人福祉施設の許可が取り消された場合などがこれにあたる可能性があろう）、裁判所は申立てを受け例外的に執行停止をすることもできる

（行訴25条2項）。この点は、行政不服審査において処分庁、上級庁が審査庁なら「必要がある時」「職権」でも執行停止できるのと対照的である。このように要件の厳しい執行停止も、「内閣総理大臣の異議」がなされれば裁判所はこれに従う義務がある（行訴27条）。

> 取消判決の効力

判決は、不服申立ての場合と同様に、請求に理由がある時は「認容」、ない時は「棄却」となる（訴訟要件を充たさないときは「却下」）。判決には、次のようなさまざまな効力が付随する。すなわち、①「既判力」（訴訟当事者および裁判所が当該事項につきこれと異なる主張・判決をできない）、②「形成力」（取消判決により処分の効力が消滅する）、③「第三者効（対世効）」（32条）（第三者にも効力が及ぶ）、④「拘束力」（33条1項）（行政庁や関係行政庁が判決の趣旨に沿った措置をとるよう拘束する）である。

なお、訴訟が提起されても処分の手続きは進行するため、例えば請求に理由があっても、裁判係属中に現実にはダムの工事が完成されていたりする。この場合、処分を取り消すと多額の費用が生じるなど公の利益に著しい障害が生じる時には、裁判所は、処分の違法を宣言したのち、請求自体は棄却することができる（これを「事情判決」という。行訴31条）。もっとも、法律による行政の重大な例外であり、慎重な適用が必要である。

6　社会保障争訟の課題

もともと社会保障領域では非権力的な活動が中心であり、権力的行為に対する不服の争訟である行政不服申立てや取消訴訟では典型的な活動とは言い難い。しかし、かえってこの点が、争訟方法でさまざまな工夫を引き出し、行政争訟制度やその運用の拡充に大きく寄与した面も見逃すことができない。形式的行政行為論がまさにそうであったし、2004（平成16）年の行訴法改正後も、例えば心身に障害のある児童の保育園の入園につき仮の義務付けの申立てが認容されたり（東京地決平成18年1月25日、平成17（行ク）第277号など）、病弱な生徒に養護学校への就学指定の仮の義務付けが認容されたり（大阪地決平成20年7月

18日平成20年（行ク）第12号）と、さっそくこの領域から改正の趣旨を生かした新たな動向が生み出されている。さらに、例えば給付の停止を差し止める訴訟や給付の地位を確認する当事者訴訟など、社会保障領域ならではの争訟手段の活用が期待されるなど、この領域は、行政争訟の実効性を高める先駆となる可能性を秘めた領域であるといえる。行政不服審査制度や行政手続法制の大きな改正も予定されており（「行政不服審査法改正・行政手続法改正の検討」ジュリスト1371号〔2009年〕）、社会保障争訟の充実を通じて憲法の目指す社会保障の理念が真に実現されていくことが切に望まれるところである。

　なお、付言すれば、この領域での国家賠償訴訟の果たす役割も看過できない。例えば、上記の仮の義務付けの事例がようやく認められたものであるということは、裏を返せば従来はこのようなケースについては仮の救済は働かなかったということである。行政争訟制度がなおも課題を抱える中、行政争訟制度を補充するものとして国家賠償制度の果たす役割は大きいと思われるし、また、国家賠償制度が良く機能することが、それに担保された社会保障争訟制度自体の機能をも高めることにもなるのである。

《参考文献》
高木光・常岡孝好・橋本博之・櫻井敬子『行政救済法』（弘文堂、2007年）
芝池義一編『判例行政法〔第5版〕』（有斐閣、2010年）

【石森久広】

コラム1　権利擁護と成年後見制度

　福祉サービスにおいて契約制度が導入されたことにより、理念上はサービスの受給者と提供者が対等な関係に立ち、利用者の選択によるサービス利用へと移行した。しかし、判断能力の不十分な知的障害者や認知症高齢者、精神障害者等が契約を締結することは容易ではない。そこで、こうした人たちの利益を保護し、サービス提供者との対等性を確保するためのさまざまな権利擁護システムが導入された。

　成年後見制度は、民法の一部改正により従前の禁治産・準禁治産制度に代わり、知的障害者や認知症高齢者、精神障害者等の権利や利益を擁護する制度として2000（平成12）年4月にスタートした。制度の特徴としては、将来の判断能力の低下に備え、事前の契約によって任意後見人を選任する任意後見制度が新たに創設されたこと、法定後見を「後見」、「保佐」、「補助」の3類型とし、後見人等の業務として従来の財産管理に加え、身上に配慮する身上配慮義務を規定したことなどがあげられる。後見人等が後見・保佐・補助の各事務を行うにあたっては、本人の意思を尊重しなければならないとされ、日用品の購入やその他の日常生活に関する行為については、取消権（保佐・補助は取消権と同意権）の対象から除外している。さらに、補助開始の審判や保佐人への代理権付与の審判には本人の申立権が付与された。

　しかし、課題もある。申立人のいない人や虐待などで保護が必要な時の市区町村長による申立権が認められているものの、それは実際には全体の約7％（平成20年）にすぎない。また、制度の利用促進にあたっては2001年度から成年後見制度利用支援事業が実施されているが、市区町村長申立に限定して運用しているところが多く、制度の活用が十分に進んでいない現状である。これに対して、厚生労働省社会・援護局は「成年後見制度利用支援事業の対象者の拡大等について」（2008年3月28日付）で、適用対象者を「助成を受けなければ利用が困難であると認められる者」へと拡大し、市区町村長申立の積極的な活用及び、地域自立支援協議会への部会の設置など障害者の権利擁護のための体制整備を図ろうとしている。さらに、制度開始から申立件数は年々増加し、司法書士などの親族以外の第三者が選任される割合が増えている。申立費用、後見人報酬等の費用負担やマンパワー確保を含めた基盤整備とともに地域福祉権利擁護事業（日常生活自立支援事業）との連携や地域包括支援センターなどのさまざまな権利擁護機関とのネットワークを構築し、個々の状況に応じた、柔軟でかつ弾力的な利用しやすい制度に向けて見直しが求められている。

　　　　　　　　　勝本映美（知的障害者通所授産施設セルプほほえみ施設長）

第3章　社会保障の行財政

> **ポイント**
> * わが国の社会保障給付費は、総額で90兆円余りであり、部門別内訳は年金で5割以上、医療で3割以上を占めている。
> * 社会保障の財源は、公費負担と社会保険料が中心であり、国民負担率は40％近くにのぼる。
> * 社会保障の財政方式は、公費負担方式と社会保険方式に大別され、それぞれメリットとデメリットがあることから、個別の社会保障制度において採用される方式が異なっている。
> * 社会保障の究極的な運営責任は国にあるが、各制度によって運営主体は異なる。医療保険、年金保険については、社会保険庁が廃止され、政府から独立した公法人に運営が移管された。

1　社会保障給付費

　社会保障給付を提供するためには、当然多くの費用が必要になる。社会保障制度において、各種社会保険給付、生活保護費、福祉サービス給付など、国民に実際に社会保障給付として用いられる費用を社会保障給付費という。
　この社会保障給付費の範囲は、ILO（国際労働機関）が国際比較上定めた社会保障の基準に基づいて決定されている。ILO の定義による社会保障給付費の範囲は、「社会保障の最低基準に関する条約（102号条約）」に定める社会保障制度の範囲に基づいている。すなわち、以下の3基準を満たすすべての制度を社会保障制度と定義する。
　① 制度の目的が、次のリスクやニーズのいずれかに対する給付を提供する

ものであること。高齢、遺族、障害、労働災害、保健医療、家族、失業、住宅、生活保護その他

② 制度が法律によって定められ、それによって特定の権利が付与され、あるいは公的、準公的、若しくは独立の機関によって責任が課せられるものであること。

③ 制度が法律によって定められた公的、準公的、若しくは独立の機関によって管理されていること。あるいは法的に定められた責務の実行を委任された民間の機関であること。

この定義に従うと、社会保障給付費には、給付形態について、金銭給付はもちろん、医療や介護などのサービス給付も含まれる。また給付主体についても、国や地方公共団体のほか、共済組合や健康保険組合などの公法人が提供する給付費も含まれるが、医療保険や介護保険などの自己負担は含まれない。

| 社会保障給付費の動向 |

社会保障給付費は1970年代以降、大きく上昇し続け、2007（平成19）年度の社会保障給付費の総額は91兆4,305億円であり、これを単純に全国民で割った、国民1人あたりの社会保障給付費は約71万5,600円に達している。

医療、年金、福祉その他に分類して示した部門別社会保障給付費について、各部門の年次推移を図表3-1に示す。2007（平成19）年度においては、医療が31.7％、年金が52.8％、福祉その他が15.5％（うち介護対策が7.0％）である。なお、社会保障給付費全体の対国民所得比は、2007（平成19）年度においては、24.40％に達している。これをみると、かつては医療が年金を上回っていたが、1980（昭和55）年ころから年金が医療を逆転し、その後も、高齢化の進行とあいまって年金が大きく伸び、現在では社会保障給付費全体の半分以上を占めるに至っている。医療も高齢化の進行とあいまって給付費が伸びている。福祉その他は、年金や医療ほど給付費が伸びていないが、これは、失業率が総じて低かったことに加え、これらの給付は租税を財源としている給付が中心であり、社会保険の成熟により相対的に低下したこと、さらに、国の財政政策上給付が抑制されてきたことによると考えられる。しかし、2000（平成12）年以降

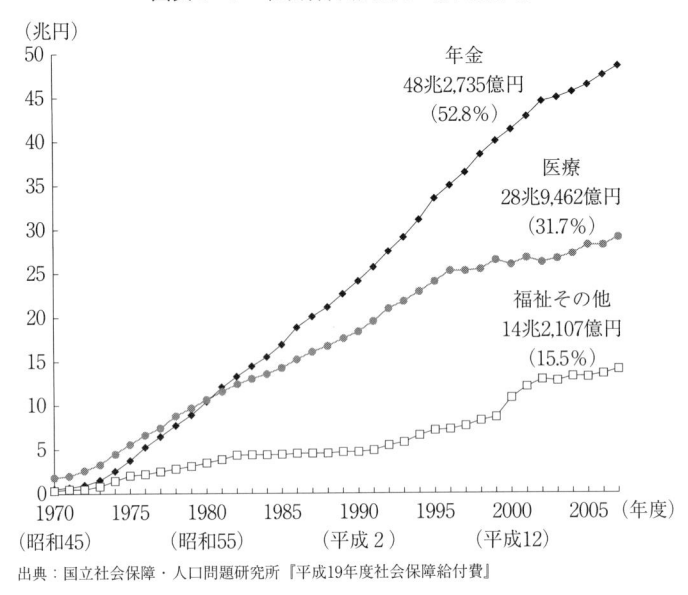

図表3-1　社会保障給付費の部門別推移

(兆円)

年金　48兆2,735億円（52.8%）
医療　28兆9,462億円（31.7%）
福祉その他　14兆2,107億円（15.5%）

出典：国立社会保障・人口問題研究所『平成19年度社会保障給付費』

は、介護保険制度がスタートしたことにより、社会保障給付費全体に占める割合が増加しており、今後も高齢化、失業率の増大、生活保護世帯の増加などで、福祉その他の給付が増大する可能性がある。

　2007（平成19）年度の社会保障給付費を収入、制度、部門、機能、対象者からそれぞれみると、以下の通りとなる。社会保障全体の収入は、総額で100.4兆円であるが、その内訳は、社会保険料が56.8兆円で、収入総額の56.6％を占める。次いで公費負担が31.0兆円で、収入総額の30.9％を占める。

　制度別では、社会保険が83.2兆円で給付費全体の91.0％を占める。機能別では、高齢が45.8兆円で給付費全体の50.1％を占め、次いで保健医療が28.4兆円で給付費全体の31.1％を占める。また、対象者別では、年金・高齢者医療などに代表される高齢者関係給付費が63.6兆円で、給付費全体の69.5％にのぼる一方で、児童手当や育児休業給付、保育所運営費などに代表される児童・家族関係給付費は3.6兆円で、給付費全体のわずか3.9％にすぎない。このように、高

図表3-2　社会支出の対国民所得比の国際比較（2005年）

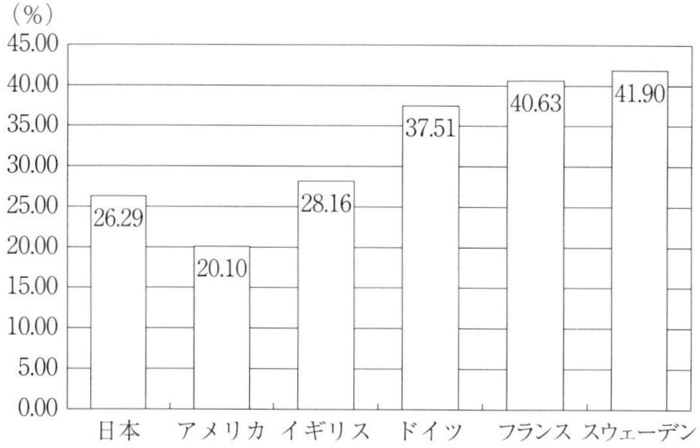

国	%
日本	26.29
アメリカ	20.10
イギリス	28.16
ドイツ	37.51
フランス	40.63
スウェーデン	41.90

出典：国立社会保障・人口問題研究所『平成19年社会保障給付費』をもとに、筆者作成

齢者、とりわけ年金給付に重点が置かれているのが、わが国の社会保障給付の特徴であるといえる。

図表3-2は、先進諸国における社会支出が国民所得に示す割合を示している。この社会支出はOECDの基準に基づいており、ILO基準に基づく社会保障給付費より含まれる範囲は広い。これをみると、わが国の社会保障給付費は増大しているものの、アメリカ、イギリスとともに、先進諸国においては社会支出が低いグループに入る。

2　社会保障の財源政策

　社会保障は、国民の生活を保障するために、国民に対して金銭またはサービスを提供する仕組みである。社会保障の責任主体である政府は、社会保障の財源の多くを、国民の拠出によって確保することになる。
　社会保障は、給付内容および水準の変化が国民の日常生活に直接影響することから、社会保障制度を運営し、維持していくためには、社会保障にかかる費用を継続的・安定的に確保していかなければならない。短期的には、景気動向

に左右されずに安定的に収入を得られることが重要であるほか、今後さらに進行していく少子高齢化のなかで、増加する高齢者への給付を十分まかなえるほどの財源をいかに安定的に確保していくのかが課題となる。

　社会保障制度は、さまざまな目的をもつ多様な制度からなり、それとあいまって各制度における財政方式や財源の構成も多様である。社会保障の給付と負担については、所得再分配の機能があることも、財源政策を考える上で無視することはできない。所得再分配の効果としては、高所得層から低所得層への所得移転である垂直的再分配と、同一所得階層間における働ける者から働けない者への所得移転である水平的再分配がある。

　社会保障の財源政策の基準として重要なのは、負担の公平性である。これについては、負担能力の高い者ほど重い負担をし、所得階層間での所得格差を縮小すべきであるという垂直的公平と、同一経済状態の者の負担は同一にすべきであるという水平的公平という、2つの考え方がある。これらの公平性については、さらに、能力に応じた負担をするという考えと、受ける受益に応じて負担をするという考えがある。前者を応能負担、後者を応益負担といい、これらの考え方は租税のみならず、社会保険料においても重要である。例えば、健康保険は、保険料を納付しないと保険給付が受けられないことから、応益負担の原理に基づいているといえるが、他方、保険料は標準報酬月額および標準賞与額に比例して定められること、被扶養者には保険料負担がないという点で応能負担の原理が加えられているといえる。また、国民健康保険については、負担能力に応じて定められる所得割・資産割と、世帯における被保険者数に応じて定められる平等割・均等割とを組み合わせて保険料が決定されている。

3　社会保障の財源

　社会保障の財源は、国や地方公共団体の公費負担のほか、被保険者あるいは事業主が負担する社会保険料、資産収入、他の制度からの拠出金、利用者負担からなる。

1　公費負担

　公費とは、国や地方公共団体における予算審議を経て、国や地方公共団体の一般会計によって支出される歳出予算のことである。公費の財源は租税である。租税は、使途の定めの有無によって一般税と目的税に区別されるが、使途を定めずに徴収された一般税の税収の一部が社会保障の財源として用いられることが普通である。私たちが納める租税の多くは、国や地方公共団体の一般会計に入る。国は社会保障のほか、公共事業、国防、教育・科学振興など、さまざまな任務を担っており、また地方公共団体にも、治安維持、保健衛生など、住民の健康と安全を図るための種々の任務があり、租税がそのような任務を遂行するための費用となる。国や地方公共団体の一般会計は、国会や地方公共団体の議会の承認を経て、政府や地方公共団体の予算となる。

　社会保障関係費　国の一般会計から、特別会計への繰り入れ、地方公共団体への補助など、社会保障のために支出される費用を社会保障関係費という。図表3-3に示すとおり、2009（平成21）年度一般会計歳出総額（当初予算）は、88兆5,480億円である。歳出のうち、国債費とは、国債の償還や利払いの費用、つまり、国が抱える借金の返済に充てられる費用である。毎年発生する財政赤字を補うため国債を発行し続けた結果、国債の残高は2009（平成21）年度末で約591兆円にのぼり、国の借金の返済や利払いのため、一般会計予算全体の2割以上が国債費で占められている。また、地方交付税交付金とは、地方財源の均衡化を図るために、地方公共団体に交付するものである。国税の一定割合がこの地方交付税交付金として自動的に割りあてられ、これも一般会計予算全体の2割近くを占める。このため、国の一般会計予算のうち、国が政策遂行に使える額（一般歳出）は、一般会計全体の6割にも満たない。2009（平成21）年度一般歳出（当初予算）のうち、社会保障関係費は24兆8,344億円であり、一般会計予算（歳出）総額の28.0％、一般歳出の48.0％を占め、最大の支出項目となっている。

　国の社会保障関係費の多くは、生活保護・社会福祉サービス給付に関する経費についての負担金や補助金として、実施主体である地方公共団体に交付され

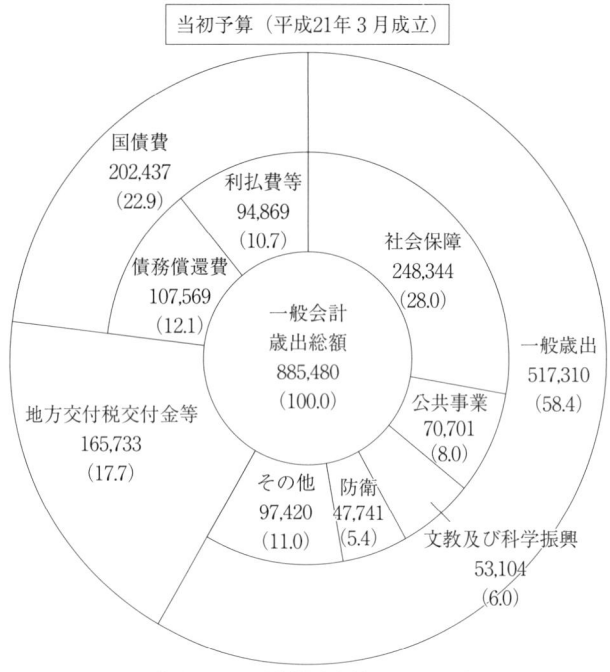

図表3-3　2009（平成21）年度　一般会計歳出内訳（当初予算）

当初予算（平成21年3月成立）

- 国債費 202,437 (22.9)
  - 利払費等 94,869 (10.7)
  - 債務償還費 107,569 (12.1)
- 一般会計歳出総額 885,480 (100.0)
- 地方交付税交付金等 165,733 (17.7)
- 一般歳出 517,310 (58.4)
  - 社会保障 248,344 (28.0)
  - 公共事業 70,701 (8.0)
  - 文教及び科学振興 53,104 (6.0)
  - 防衛 47,741 (5.4)
  - その他 97,420 (11.0)

出典：パンフレット『日本の財政関係資料』（財務省ホームページ）http://www.mof.go.jp/jouhou/syukei/sy014_21.pdf

るほか、国民年金、厚生年金保険、健康保険、国民健康保険、介護保険など、政府や地方公共団体等が管掌する社会保険の給付費や事務費に関する負担金や補助金として、各社会保険の特別会計へ繰り入れられる。

　地方公共団体は、生活保護・社会福祉サービスについて、地方公共団体の自主財源、上記の国からの負担金や補助金および利用者の自己負担で運営するほか、国民健康保険（都道府県のみ）、介護保険、後期高齢者医療制度に関する負担金を各社会保険の特別会計へ繰り入れる。

2　社会保険料

　前記1でみたように、社会保険料は、わが国の社会保障において最大の収

入源である。社会保険料は、被保険者および事業主によって拠出される。厚生年金保険や健康保険など、被用者を対象とする社会保険について、保険料負担は原則として被保険者と事業主が折半して負担するが、雇用保険は事業主の負担割合が被保険者より高く、労災保険は事業主のみが保険料を負担する。被保険者の保険料負担については、国民年金のように定額の保険料を納付するもの、健康保険や厚生年金保険のように保険料が所得に比例して定められるもの、国民健康保険のように応益負担と応能負担とを組み合わせて保険料を定めるものなど、制度によって多様である。

社会保険の財源は、国の年金特別会計、市町村の国保特別会計、介護保険特別会計などにより、租税とは独立して管理運営される。

3　資産収入

資産収入は、年金保険などの積立金から発生する利息、利子、配当金などの運用益である。これら資産収入が社会保障の財源全体に占める割合は2006（平成18）年度で8.4％である。年金保険の積立金については、かつては財政投融資への預託が行われていたが、2001（平成13）年4月をもって廃止され、現在は年金積立金管理運用独立行政法人が資金運用を行っている。なお年金保険の積立金については、2005（平成17）年度末で約142兆円にのぼっているが、2004（平成16）年の年金改正により、給付費のおおむね1年分相当の積立金を残して取り崩し、給付費に充てることとしている。

4　利用者の自己負担

医療保険や介護保険などの社会保険や、障害者自立支援給付などの福祉サービス給付を受ける際に、利用者が自己負担を求められる場合がある。自己負担には、利用するサービスの一定割合を負担する応益負担、利用者の負担能力に応じて負担する応能負担、利用するサービスの量にかかわらず一定額を負担する定額負担などがある。

5　他の制度からの拠出金

このほか、基礎年金、高齢者医療、介護保険については、拠出金などにより、異なる保険者間で所得の移転が行われる。これは、産業構造や人口構造の変化に伴う被保険者層の変容など、制度発展の歴史と密接に関係しており、これら拠出金などによる資金の移転は、社会保障制度全体を一層複雑なものにしている。

4　社会保障の負担のあり方

1　国民負担率

社会保障にかかわる負担については、経済全体の負担能力として、租税および社会保障の負担が国民所得に占める割合である国民負担率を用いて議論されることが多い。

1993（平成5）年の臨時行政改革推進審議会の答申において、「高齢化のピーク時（2020年頃）においても50％以下、21世紀初頭の時期においては40％台半ばをめどにその上昇を抑制する」という目標が示された。わが国の国民負担率は、2009（平成21）年度現在で38.9％（租税負担23.0％、社会保障負担15.9％）である。また、租税負担・社会保障負担に、国民の将来的な負担となる財政赤字を加えた「潜在的国民負担率」は、2009（平成21）年度現在で47.7％である。

租税は社会保障以外にも使われるので、国民負担率は、社会保障負担の大きさのみを示しているわけではない。しかし、社会保障負担は国民負担率と密接に関係している。図表3-4は、先進諸国の国民負担率の比較を示している。わが国の国民負担率は、他の先進諸国と比較して必ずしも高いわけではない。しかし、政府の「社会保障の給付と負担の見通し」（2004（平成16）年5月）によれば、2025（平成37）年には潜在的国民負担率が約56％にのぼると予測されている。

一方、国民負担率について、租税や社会保険料は、社会保障などのさまざまな形で国民に還元される給付の裏づけとなるものであり、「負担」という側面

図表3-4　国民負担率の国際比較

	日本 (2009年度)	アメリカ (2006年度)	イギリス (2006年度)	ドイツ (2006年度)	フランス (2006年度)	スウェーデン (2006年度)
国民負担率	38.9	34.7	49.2	52.0	62.4	66.2
社会保障負担率	15.9	8.6	10.8	22.9	24.6	17.2
租税負担率	23.0	26.1	38.5	29.1	37.8	49.0
財政赤字対国民所得比	－8.8	－9.9	－6.7	－1.1	－5.1	0.0

出典：『平成21年版　厚生労働白書』

だけを取り上げてその水準について議論するのは適当ではない、という意見もある。確かに、社会保障が国民に対してもたらす効果と利益を無視して負担の大きさのみを論じることは妥当ではない。しかし、租税や社会保険料は法律に基づいて強制的に徴収されること、さらに、年金制度や後期高齢者医療制度に代表されるように、わが国の社会保障制度は、若年世代が高齢世代を支えるという性格が強いことから、少子高齢化が進行すると、若年世代さらにはこれから産まれる将来世代が負担に耐えられなくなることが危惧される。そのため、社会保障のもたらす効果や利益と負担を比較考量しながら、社会保障に関する費用を誰がどれだけ負担するかを国民全体で議論していく必要がある。その際、国民負担率は、社会保障の費用負担に関する目安の１つとなる。

2　財政方式──公費負担と社会保険料負担

前記１で述べた通り、社会保障の財源は公費負担と社会保険料が中心となっているが、個々の制度の財政方式において、公費負担方式と社会保険方式のどちらを採用するか、という問題がある。

> 公費負担方式

社会保障の財源の一部を租税で賄う根拠としては、①政府がすべての国民に生存権を保障しており、低所得者に対する最低保障給付は政府の責任であること、②再分配の効果を高めるためには累進課税が有効であること、③個人では対応できない社会的リスクをカバーする必要があること、などがあげられる。

しかし、公費負担のデメリットとしては、①給付と負担との関係が不明確になり、財政の規律が失われる、②公費負担では受給要件として資産調査や所得調査などが伴い、行政の恣意的介入を受けやすい、③他の政策との競合が生まれ、財源の安定性が確保できない、などが挙げられる。

> 社会保険方式

他方、社会保険方式のメリットは、①給付の引き上げが負担の引き上げにフィードバックし、給付の無責任な増大に規律を与える、②拠出に応じて給付する権利が発生するため、資産調査や所得調査は伴わない、③自主的な財源確保により、他の政策との競合を回避できる、④被保険者が保険運営に参加できる、⑤被用者保険については、賃金の上昇に応じて財源が拡大でき、かつ保険料徴収コストが安い、⑥保険料は給付との対応が明確で、被保険者の拠出意欲が高い、などがあげられる。

しかし、社会保険方式のデメリットとして、①賃金を賦課対象とする被用者保険の場合、賦課上限が低いと逆進的になる、②非被用者にとって、定額料率の社会保険料は逆進的となる、③非被用者からの徴収が自主納付であると、未納者が多く発生する、④社会的ニーズへの対応力が柔軟ではない、⑤累進性ではなく、所得再分配効果は小さい、などがあげられる。

このように、公費負担方式と社会保険方式とは、メリットとデメリットがそれぞれ対の関係にあるといえ、個別の社会保障制度においてどちらの方式が適合するかについて考慮する必要がある。一般に、給付の対象者を生活困窮者や低所得者に限定する制度（生活保護）については、拠出を前提としない公費負担方式で運営され、厚生年金に代表されるように、給付の対象者に制限がなく、拠出や給付が所得に比例する制度については、社会的公平の観点から、社会保険方式で運営されている。また、給付の対象者に制限がないが、給付が必

ずしも所得に比例しない医療保障、介護保障については、社会保険方式を採用している国もあれば、公費負担方式を採用している国もある。わが国においては、医療保障は一貫して社会保険方式であるものの、介護サービスについては、介護保険制度の導入により、公費負担方式から社会保険方式に転換している。

3　社会保険における公費負担

前記 **3** の **1** で述べたように、わが国の社会保険の多くは、公費負担が多く導入されており、とりわけ国民健康保険、後期高齢者医療制度、介護保険においては公費負担が給付費の50％を占めている。また、国民年金についても2009（平成21）年度に基礎年金の国庫負担割合が3分の1から2分の1に引き上げられた。

社会保険に公費負担を導入する根拠としては、一般的には社会保険は政府が直接関与する、公共性の強い制度であることから、公費負担の導入になじむほか、①強制加入であることを前提として、被保険者の保険料負担を軽減すること、②所得水準の制度間格差に起因する保険料のアンバランスを軽減すること、③保険料の事業主負担がない地域保険について、負担の公平を図ることなどがあげられる。

公費負担が導入されていても、保険料の拠出を給付の要件とするのであれば、社会保険方式をとっていることに変わりはない。しかし、公費負担の割合が上がれば上がるほど、社会保険方式の長所は薄まり、公費負担方式の性格が強くなる。

4　利用者の自己負担のあり方

自己負担（自己負担については **3** の **4** 参照）の機能としては、①利用者のサービスの濫用の抑制、②サービスの受益者とそうでない者との公平の確保、③サービス給付の財源の確保、があげられる。サービス利用者の自己負担の割合が低すぎると、サービスが濫用される傾向がある。かつて行われた老人医療費

無料化によって、不必要な医療サービスの受給とそれに伴う医療費の高騰が問題となったことがある。

　逆に、サービス利用者の自己負担の割合が高くなればなるほど、サービス給付の財源が確保されるとともに、社会保障にかかる公費負担・社会保険料負担が軽減されることになるが、他方、低所得者を中心にサービスの利用抑制につながるおそれがある。とりわけ、定率負担を採用している制度については、サービスを受ければ受けるほど利用者の負担は重くなる。そこで、医療保険の高額療養費や、介護保険の高額介護サービス費などのように、自己負担額が一定額を超えた場合、その超過分を保険給付として償還する制度や、障害者自立支援給付の負担軽減措置のように、低所得者に対して自己負担を軽減する制度が用意されている。しかし、自己負担できない利用者がサービスの利用を抑制し、その結果疾病や要介護状態という生活危険が改善しないのであれば、社会保障が機能していないのと同様である。社会保障の財政政策については、給付の効率性や負担の公平について考慮することは当然であるが、自己負担については、低所得者のサービスを利用する権利を保障するという視点も不可欠である。

5　社会保障行政

1　社会保障の運営主体

　社会保障は、国の責任においてすべての国民に対してその生活を保障する制度である。したがって、社会保障の運営責任は究極的には国にある。しかし、1990（平成2）年の福祉8法の改正以降、福祉の地方分権が進められ、福祉や介護においては、住民に一番近い存在である地方公共団体、とりわけ市町村の役割が重要になってきている。他方、健康保険や年金保険など、従来政府が直接運営していた社会保険についても、その運営を政府から独立した公法人へと移管する動きが進行している。

2　国の機関

厚生労働省

国レベルでの社会保障行政の中核を担うのは、厚生労働省である。厚生労働省は、国家行政組織法に基づいて設置されている。厚生労働省は、国民生活の保障及び向上を図り、並びに経済の発展に寄与するため、社会福祉、社会保障及び公衆衛生の向上及び増進並びに労働条件その他の労働者の働く環境の整備及び職業の確保を図ることを任務とし（厚生労働省設置法3条1項）、所掌事務は、社会保障制度に関する総合的、基本的な政策の企画立案、推進をはじめとして、労働基準、雇用政策、公衆衛生など、非常に多岐にわたる。

厚生労働省の各部局のうち、主に社会保障について担当する部局は、以下の通りである。保険局は、主に医療保険・後期高齢者医療制度に関する企画・立案を行い、年金局は、年金保険に関する企画・立案を行う。老健局は、介護保険のほか、老人福祉全般に関することをつかさどる。職業安定局は、雇用保険のほか、職業紹介や高齢者・障害者の雇用に関すること、雇用対策全般を扱う。労働基準局は、労働契約や賃金その他の労働条件にかんすることなどを担当するが、労災保険については、労働基準局労災補償部がつかさどっている。

このほか、社会・援護局は、生活保護および社会福祉全般に関する企画・立案を行うが、障害者福祉にかんすることについては、社会・援護局障害保健福祉部が管轄する。また、雇用均等・児童家庭局は、児童福祉、児童手当のほか、雇用機会均等や職場と家庭との両立支援、子育て支援に関する事務を担当している。

厚生労働省には、法律の定めに従い、重要な基本政策について審議し、厚生労働大臣に答申する諮問機関として審議会がおかれている。なかでも社会保障審議会は、社会保障制度全般に関する重要な事項を審議し、厚生労働大臣に意見を答申する。このほか、疾病の予防・治療に関する研究や、公衆衛生に関する重要事項を審議する厚生科学審議会や、医療保険の診療報酬について審議する中央社会保険医療協議会などがある。

厚生労働省の地方機関としては、健康保険、国民健康保険の保険者の指導監

督事務をつかさどる地方厚生局（全国に7局1支局）、および、雇用保険・労災保険の保険料徴収のほか、労働基準、職業安定、男女雇用機会均等に関する事務を掌管する都道府県労働局（全国に47局）がおかれている。また、都道府県労働局の下部機関として、労働基準監督署および公共職業安定所（ハローワーク）が各地におかれている。

3　社会保険の運営機関

<u>社会保険庁とその解体</u>　かつて社会保険の運営を担ってきた社会保険庁は、国家行政組織法3条2項の規定に基づいて、1962（昭和37）年7月に設置された厚生労働省の外局であり、主に政府管掌健康保険、船員保険、厚生年金保険、国民年金の管理運営に関する業務を行っていた。地方においても、社会保険庁の地方支分分局として、各都道府県に地方社会保険事務局が設置され、さらに、被保険者資格や保険料の徴収に関する窓口業務を担当する社会保険事務所も各地に設置されていた。

　しかし、年金個人情報の業務目的外閲覧、国民年金保険料免除の不適正な事務処理など、2004（平成16）年以降明るみになった社会保険庁をめぐる数々の不祥事の発生を機に、組織運営のあり方について検討がなされ、その結果、国民の信頼確保、サービスの質の向上、業務運営の効率化、公正性・透明性の確保などを目的に、社会保険の運営機関についての改革が行われた。これにより、政府管掌健康保険の管理運営は、2008（平成20）年10月より、社会保険庁から全国健康保険協会に移管された。さらに2010（平成22）年1月には、船員保険の管理運営が社会保険庁から全国健康保険協会に移管されるとともに、厚生年金保険および国民年金の財政責任・管理運営責任は国が担いつつも、厚生労働大臣から委任を受け、その直接的監督の下でこれら公的年金の運営を行う新たな公法人である日本年金機構が設置され、これに伴い、社会保険庁は廃止された。地方組織についても、従来の地方社会保険事務局および社会保険事務所がそれぞれ日本年金機構の地域ブロック単位のブロック本部および年金事務所に再編された。職員について、従来の社会保険庁では、幹部として短期間

在籍する厚生労働省採用のキャリア職員、社会保険庁本庁で採用されるノンキャリア職員、それに都道府県単位で採用された「地方事務官」という、いわゆる「3層構造」を形成し、これが組織としての一体感を欠き、数々の不祥事が起こった原因となったことから、日本年金機構においては、すべて本部で一括して採用され、職員の身分は、非公務員とされた。

このほか、国民健康保険および介護保険の保険者としては、市町村が、住民に対して医療および介護サービスを保障する役割を担っている。さらに、社会保険を支える組織として、社会保険診療報酬支払基金、健康保険組合連合会、国民健康保険団体連合会、国民健康保険中央会もそれぞれ重要な役割を果たしている。

4　生活保護・社会福祉サービスの運営機関

都道府県、市町村などの地方公共団体は、生活保護および社会福祉サービスの提供主体として重要な役割を担っている。かつて地方公共団体が行う社会福祉行政の事務は機関委任事務であったが、1990（平成2）年以降措置権限の市町村への移譲がすすみ、現在市町村が行う社会福祉行政の事務は、法定受託事務とされている一部の事務（生活保護に関する事務など）を除いては、自治事務として認識されている。

生活保護および社会福祉サービス提供の中心となる機関は福祉事務所である。福祉事務所は、都道府県および市に設置義務があり（町村は任意設置）、生活保護法や福祉各法に基づき、社会福祉サービスの対象者に対してさまざまな措置を行っている。保健所は、地域保健の専門機関として、地域住民の健康の保持増進、疾病予防、環境衛生などをつかさどる。このほか、地方公共団体が設置する社会福祉サービスに関する機関として、児童相談所、身体障害者更生相談所、知的障害者更生相談所がある。

5　社会保障行財政の課題

上記のように、わが国においては高齢者に重点をおいた社会保障給付が行わ

れている現状の下で、さらなる少子高齢化の進行は、社会保障給付費のさらなる増大をもたらすことになる。しかも、従来どおりの給付水準を維持するのであれば、増大する社会保障の費用負担は、現役世代に非常に重くのしかかり、現役世代の就労意欲や社会保障制度に対する信頼を失わせることになりかねない。

　社会保障の給付水準を維持するために、わが国の国民負担率が他の先進諸国に比べて比較的低いことを理由に、租税や社会保険料を引き上げる余地はまだ十分あるという意見もある。しかし、租税や社会保険料は法律に従って強制的に徴収されるので、国民の合意がないまま租税や社会保険料を引き上げ、加えて、引き上げた租税や社会保険料の使い道が不明瞭であれば、国民は不満を強く抱くこととなり、また、負担増を嫌って海外に事業の拠点を移す企業も現れよう。他方、近年では、2004（平成16）年の年金改正において導入されたマクロ経済スライドのように、経済成長率や人口増加率といった国民の負担能力に応じて給付を抑制する仕組みも導入されている。

　しかし、今後、国民負担率が高まることは避けられないので、租税や社会保険料の負担増について国民の幅広い合意を得るためには、まず国民1人ひとりが社会保障の負担のあり方のみならず、社会保障の給付の効率化、給付水準、さらには生活危険をもたらす事故の発生の抑制について、幅広い議論を行う必要があろう。

　社会保障行政の責任については、従来は福祉サービスおける公的責任と民間の社会福祉法人への措置委託に関する議論がなされてきた。しかし、介護保険の導入および社会福祉基礎構造改革により、現在は、サービスの基準と利用者の権利保障を国が定めることで、サービスの量と質を確保するという方法でその責任を果たすということが一般的になってきている。年金保険を中心とした社会保険についても、社会保険庁の解体に伴って新たに設立された公法人の職員は非公務員となるが、年金保険の財政責任は政府が担うことから、公的責任の後退とは必ずしもいえないであろう。

　他方、基礎年金の税財源化とセットで厚生年金を民営化すべしとの議論が、

経済学者の中で根強くなされているが、もし民営化が行われると、国の公的責任は大きく後退することになる。国債残高が莫大なうえに、社会保障に関する費用も増大が見込まれるなか、公的責任の範囲についても、幅広い議論が必要であろう。

《参考文献》
秋元美世・一圓光彌・栃本一三郎・椋野美智子編『社会保障の制度と行財政〔第2版〕』（有斐閣、2006年）
日本財政法学会編『福祉と財政の法理』（龍星出版、1996年）
薄井光明『社会保障財政法精義』（信山社、2009年）

【木村茂喜】

コラム2　地域福祉

　高度経済成長の1970年代に入り地域福祉ということばが使われるようになり、社会福祉関係8法改正によって「地域福祉」が法律上に明記されることになった。地域福祉とは「自立生活が困難な個人や家族が、地域において自立生活ができるように必要なサービスを提供することであり、そのために必要な物理的・精神的環境醸成を図るとともに、社会資源の活用、社会福祉制度の確立、福祉教育の展開を総合的に行う活動」ということができる。

　現在、社会において、生活の単位としての地域の安全や安心が揺らぎつつある。子どもや高齢者の虐待や介護の問題は地域を問わず起きている。
社会福祉法（2000年）では、社会福祉を経営する者や活動を行う者は「相互に協力し、福祉サービスを必要とする地域住民が地域社会を構成する一員として日常生活を営み、社会、経済、文化その他あらゆる分野の活動に参加する機会が与えられるように、地域福祉の推進に努めなければならない」（4条）として地域福祉の推進を規定している。そのため、都道府県や市町村は「地域福祉計画」（170条）を具体的に策定することになっている。市町村の地域福祉計画策定にあたっては、行政や専門家だけでなく地域住民が計画策定のプロセスに参画しながら、地域福祉実践として、コミュニティソーシャルワーク、ソーシャルサポートネットワーク、福祉アクセシビリティなどの視点をもち、社会福祉協議会や地域におけるさまざまな機関・施設・団体・当事者などを含めて実施する必要がある。

　貧困・老齢・障がい・疾病などを背景にして起きる生活課題に対して、それぞれの地域課題や生活課題を解決にむけて支援し、さまざまなサービスを展開する活動が地域福祉であるといえる。例えば、看取られない死（孤独死）を防ぐためにどのように地域で安否を確認するための活動を行うか、認知症になっても地域で暮らし続けることができるまちをどうやって創るか、過疎地区や都市の中においても限界集落（地区）状態にある人々の暮らしをどのように支えるか、障がい者の生活や就労をどう確保するか、一人親世帯の子育てを地域でどのように支えるか、ホームレスの人々への支援をどのように進めるか、災害時における高齢者や障がい者の安全と避難を確保するための組織とマップづくり、ボランティア活動を進めるにはどうしたらいいか、福祉教育をすすめ、福祉文化を醸成するにはどのようにしたらいいか、福祉バリアフリーやユニバーサルデザインを実現する福祉のまちづくりをどう進めるかといった多くの課題について取り組むことにほかならない。

和田　要（熊本学園大学社会福祉学部教授）

第4章　医療保険、高齢者医療

ポイント

* 医療保障は、社会保障のなかでも人の命に関わる重要な分野である。わが国では、国民皆保険体制の下で、社会保険である医療保険を中心に医療保障制度が構築されている。また、傷病のなかには、公衆衛生や社会福祉の一環としての公費負担医療の対象となるものもある。なお、国民健康保険が適用されない生活保護受給者については、生活保護（医療扶助）から給付が行われる。
* 医療保険制度は、健康保険、国民健康保険などの制度に分立している。また、高齢者に対しては、別途高齢者医療制度が適用される。医療保険の給付には、医療給付と現金給付がある。医療給付の中心となるのが、傷病の治療のための療養の給付であり、現物給付の形で支給される。現金給付としては、出産費用に関する給付としての出産育児一時金、傷病・出産に伴う休業補償としての傷病手当金や出産手当金などがある。
* 患者が受診する際には、医療費の一定割合を一部負担として負担するのが原則である。一部負担以外の医療費は、診療報酬として、医療保険から医療機関などに支払われることになっている。

1　医療保障の必要性

　物事を考える場合、それがなかったらと仮定するとわかりやすい。病気やけが（以下「傷病」という）の場合、保険証（被保険者証）がなかったら大変なことになるのは明らかである。しかし、医療の必要性は、個人レベルに止まらない。会社従業員が傷病に冒されれば会社も困るし、社会全体としても損失である。昔から、傷病は貧困の原因の1つでもあった。ベヴァリッジも、福祉国家

が取り組むべき巨大な5悪の1つとして疾病を挙げ、医療保障の必要性を指摘している。このように、傷病は個人的リスクであると同時に社会的リスクである。このため、傷病によって個人が陥る困難に対処するための制度、つまり医療保障は社会保障の重要な柱となってきた。

国全体で傷病の治療のために使われる医療費を国民医療費というが、2007（平成19）年度の国民医療費は34.1兆円（国民所得の9.11％）に達している。これを1人あたりにすると、26.7万円となる。4人家族だと、100万円を超える医療費がかかることになる。なお、国民医療費には、売薬、健康診断、予防接種などの費用は含まれないことから、保健医療全体の費用はもっと大きくなる。

医療費の保障としては、医療保険以外にも公費負担医療が重要である。これは、結核、精神病、感染症等の公衆衛生対策、あるいは障害者等の社会福祉政策の観点から、公費により実施される医療である。また、医療供給という点では、医療提供体制、薬・医療機器に関する薬事制度等も重要である。医療提供体制を例にとると、医師・歯科医師・薬剤師・看護師等に関する資格法、病院・診療所等の開設・管理や機能分担等に関する医療法など多くの制度が存在している。特に良質・適切な医療を効率的に提供する観点からは、医療法に基づき都道府県単位で策定される医療計画が重要である。

医療保障は、医療保険と医療提供体制等が車の両輪として適切に機能して、初めて実現する。ここでは、医療保険に焦点をあてることにしたい。

2　医療保険の仕組み

社会保険中心主義 　「いつでも、どこでも、だれでも」が必要な医療を受けられることが理想である。わが国の社会保障は、社会保険を中心に構築されている（社会保険中心主義）が、医療もしかりである。皆が医療保険の給付を受けられるように国民皆保険体制が整備されてきた。

ところが、世界をみると、社会保険の国ばかりでない。例えば、イギリスのように公的に医療サービスを提供する国民医療サービス（NHS: National Health

Service）を採用している国もある。この場合には、予算によってサービス供給量が決まってくることから、予算上の制約により入院待機患者（ウェイティング・リスト）が生じる可能性がある。これに対して、アメリカでは、これまで民間保険が中心となってきた。この場合には、保険料を払えば高度な医療も受けられるが、現実には、保険に未加入状態の無保険者問題が発生している。社会保険の場合には、サービス需要に応じた保険料設定により財源が確保されることから、財政上の制約によりサービス供給が制限される可能性は少ない。

　世界では、19世紀ドイツのビスマルクに始まる社会保険方式を継承する国がヨーロッパ大陸を中心に多く存在しており、わが国も、基本的にこのビスマルク型の国に属することになる。

3　医療保険の構造

制度の分立　わが国では、生活保護を受給している人や短期間日本に滞在する外国人を別にすれば、外国人も含め皆が医療保険に加入することになっている。ところが、各自が加入する医療保険は、歴史的な経緯もあり、いくつかの制度に分かれている。

　全国的な制度としては、1922（大正11）年の健康保険法が嚆矢である。同法は、20世紀初めの資本主義の発展期における労働運動の高まりの中で、工場等の被用者を対象として制度化された。その後、昭和初期の農村不況といわれる時代環境のなかで、1938（昭和13）年には、農民や自営業者を対象として国民健康保険法が制定される。また、船員については、医療以外の給付も含めた総合保険である船員保険法が1939（昭和14）年に制定されている。このように、既に戦前においても、それなりに医療保険制度は発達しており、ヨーロッパ諸国と比較しても制度化は決して遅くない。戦後になると、1958（昭和33）年に国民健康保険が全面改正され、4か年計画で国民皆保険実現に向けての取組が展開され、1961（昭和36）年に国民皆保険が実現した。

　歴史的に形成されてきた医療保険制度はモザイク状の様相を呈しているが、

その適用関係は、「特別法は一般法に優先する」という原則に基づき整理するとわかりやすい。つまり、特別法がある場合には、一般法ではなく特別法の方が適用されるということである。医療保険における一般法は、国民健康保険法が規定する市町村国民健康保険（以下「市町村国保」という）である。同法は、市町村の区域内に住所を有する者は、市町村が運営する市町村国保の被保険者とすると規定している。そのうえで、特別法である健康保険法、船員保険法、国家公務員共済組合法等の共済各法、高齢者の医療の確保に関する法律、生活保護法などの適用を受ける場合には、それらの制度がまず適用されるとしている。また、同じ国民健康保険（以下「国保」という）の中でも、同業同種にある特定の自営業者グループが国民健康保険組合を設立している場合には、市町村国保の適用から除外されることになる。このような市町村国保の役割を一言でいえば、受け皿ということになる。

　ところで、工場や事務所等の事業所に勤める人を被用者というが、この被用者に関しては、健康保険法が一般法である。しかし、全部の被用者が健康保険法の適用を受けるわけでなく、「事業所」と「被用者」のそれぞれに例外が設けられている。まず、「事業所」については、個人経営の飲食店等の適用除外業種の従業員や、適用業種であっても5人未満の個人経営の事業所の従業員は、健康保険の適用対象ではなく、国保の適用となる。次に「被用者」については、船員保険や共済組合のように他の被用者制度の適用対象者のほか、パート労働者で基準に該当しない人（所定労働時間・日数が通常の4分の3未満等）なども適用が除外されている。

　さらに、2007（平成19）年には「高齢者の医療の確保に関する法律」が制定され、75歳以上の高齢者等が後期高齢者医療制度の被保険者とされ、同制度からの医療給付を受けることになった。その結果、75歳以上の高齢者などは、国保等の医療保険各法の適用対象から除外されることになった。

　このように分立する制度を整理すると、保険集団という視点から医療保険は、①市町村地域を単位とする地域保険と、②事業所や同業同種のような職域を単位とする職域保険とに分かれる。さらに、職域保険は、自営業者を対象と

図表4-1　医療保険制度の体系

```
職域保険 ─┬─ 健康保険　（民間企業等で働く被用者）
         ├─ 船員保険　（船舶に乗り込む船員等）
         └─ 共済組合 ─┬─ 国家公務員等共済組合　（国家公務員等）
                      ├─ 地方公務員共済組合　（地方公務員等）
                      └─ 私立学校教職員共済組合　（私立学校教職員）
地域保険 ─┬─ 国民健康保険　（自営業者，農業従事者，無職者，年金生活者等）
         └─ 後期高齢者医療制度　（75歳以上の高齢者等）
```

した国民健康保険組合と被用者を対象とした健康保険等の被用者保険とに分けることができる。また、年齢という点からは、75歳以上の高齢者等は独自の保険集団を形成して、後期高齢者医療制度の適用を受けることになっている（図表4-1）。

保険者　一般に、保険の引き受け手として、制度の管理運営を行う主体を保険者という。国保の場合、保険者は市町村または国民健康保険組合である。被用者保険については、健康保険の保険者は全国健康保険協会または健康保険組合、国家公務員等共済組合の保険者は各組合となっている。

これに対して、後期高齢者医療制度の場合には、法律上は保険者という用語は登場しないが社会保険の仕組みであることには変わりはなく、制度運営の大半の事務は、都道府県単位に設立される広域連合が行うことになっている。

被保険者と被扶養者　医療保険の給付を受けるためには、被保険者（共済組合等では組合員）またはその被扶養者であることが必要である。このうち被保険者とは、保険料を負担するとともに給付を受ける保険関係の当事者である。

各制度の被保険者の範囲は、法律で決まっている。被用者保険においては、被保険者は事業所に使用される被用者本人のみであり、その扶養する配偶者、子供等の家族は被扶養者として給付を受けることになる。これに対して、市町村国保の場合には、自営業や農業等の働き手のみならず、同じ世帯の被扶養者

である子どもなども被保険者となる。また、後期高齢者医療の場合には、働いていない高齢者も各自が被保険者となっている。

　保険関係においては、何に着目して1つの保険集団を形成するかが重要である。被用者保険では、被用者本人のみが被保険者となる点では個人単位であるが、被扶養者も含めて給付が行われる点では世帯単位である。これに対して、市町村国保では、世帯単位で適用されるが、世帯構成員それぞれが被保険者となる点では個人単位である。また、後期高齢者医療制度の場合には、個人単位で適用され、高齢者それぞれが被保険者となる。

　国民皆保険の下で、国民は、異なる制度に二重加入しないのが原則である。この点を配偶者等の被扶養者についてみてみると、被用者世帯でも共稼ぎのように世帯構成員も被用者保険の適用を受けたり、自営業としての収入があるために国保の適用を受けるような場合には、その世帯構成員は被扶養者から外れることになる。また、世帯主が国保の被保険者であっても、世帯構成員のうち被用者保険の適用を受ける人は、国保の適用から外れることになる。

4　保険給付の内容

　保険給付の種類　ここでは説明の便宜のため、保険給付を、①医療サービスの提供に関する医療給付と、②現金の支給に関する現金給付に分けることにする。

　このうち医療給付は、更に、①医療サービス自体を提供する現物給付、②文字通り金銭を給付する金銭給付、③金銭給付の現物給付化（金銭給付の形式をとりながら、実際には本人ではなく医療機関に一部負担などを除いた費用が支払われるため、本人にとっては現物給付と同じような効果をもたらす給付）による給付とにわかれる。

　制度に則していうと、現物給付である医療給付は、「療養の給付」とよばれる。被保険者が保険証をもって医療機関で受診する場合に受ける治療が療養の給付であり、これが医療保険の中心である（**図表4-2**）。第2の金銭給付の形

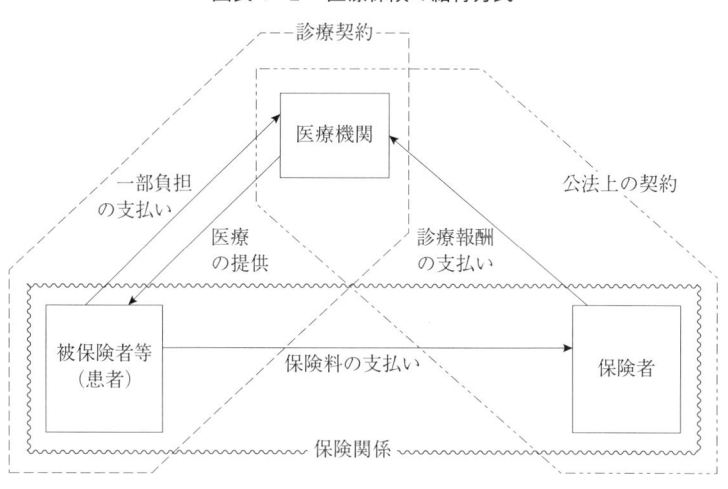

図表 4 - 2　医療保険の給付方式

```
              ---- 診療契約 ----
                  ┌────────┐
                  │ 医療機関 │
                  └────────┘
   一部負担          医療     診療報酬      公法上の契約
   の支払い         の提供    の支払い
 ┌────────┐                              ┌────────┐
 │被保険者等│ ──── 保険料の支払い ────→ │ 保険者 │
 │ （患者）│                              └────────┘
 └────────┘
              ──── 保険関係 ────
```

態をとる給付としては、現物給付が困難な場合（保険証を持っていなかった場合等）にかかった医療費を基準に事後的に償還払いされる「療養費」と受診の際の一部負担金等が著しく高額になった場合に自己負担限度額を超える医療費が償還払いされる「高額療養費」がある。この場合、基準となる自己負担限度額は、年齢や所得等に応じて設定されている（図表 4 - 3）。さらに、多数該当といって、1 年間に 4 回以上受診する場合には、通常より自己負担限度額を引き下げ、一層の負担軽減がなされている。このほか負担軽減のための工夫としては、世帯を単位に同一月の自己負担額の合算額を基準に高額療養費を支給する世帯合算がある。また、「高額介護合算療養費」といって、同一世帯内に介護保険の受給者がいる場合には、1 年間の両方の自己負担額の合算額を基準に高額療養費を支給する仕組みもある。最後に、第 3 の金銭給付の現物給付化による給付としては、「入院時食事療養費」、「入院時生活療養費」、「保険外併用療養費」、「訪問看護療養費」などである。

　これに対して現金給付の方も、何種類かに分かれる。傷病または出産による休業の際に休業補償として標準報酬日額の 3 分の 2 が支給される「傷病手当金」や「出産手当金」、医療機関への緊急移送などのための「移送費」、出産の

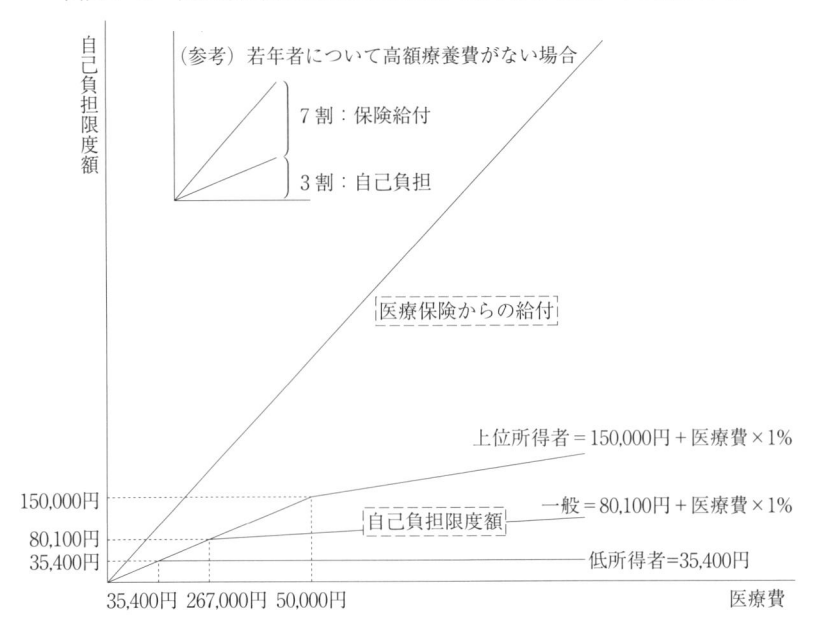

図表4-3　高額療養費の自己負担限度額（若年者の場合、1ヶ月当たり）

（参考）若年者について高額療養費がない場合
7割：保険給付
3割：自己負担

医療保険からの給付

上位所得者＝150,000円＋医療費×1％
自己負担限度額　　一般＝80,100円＋医療費×1％
低所得者＝35,400円

自己負担限度額（縦軸）
150,000円
80,100円
35,400円

35,400円　267,000円　50,000円　　　医療費

　分娩費を賄うための「出産育児一時金」、死亡の場合の埋葬費を賄うための「埋葬料」（家族に支給）や「埋葬費」（家族がいない場合に埋葬者に支給）などは、実費補償的な給付である。ここで注意を要するのは、出産育児一時金である。わが国では、疾病ではない正常分娩の分娩費は療養の給付による現物給付ではなく、金銭給付として支給される。

　以上は、健康保険の被保険者に対する給付である。被扶養者の場合には、出産手当金・傷病手当金がないなどの違いがある。また、市町村国保の場合には、出産育児一時金や葬祭費等の内容が市町村条例に委ねられているほか、出産手当金・傷病手当金が任意給付であるといった違いがある（図表4-4）。

医療給付の内容　療養の給付は、診察、薬剤・治療材料の支給、処置・手術等の治療、居宅での療養上の管理や看護、病院や診療所への入院やその際の看護が対象である。一言でいえば、療養の給付とは、傷

図表4-4　制度別の保険給付の種類と内容

区分		健康保険		市町村国民健康保険
		被保険者	被扶養者	
傷病	被保険者証による治療	療養の給付 入院時食事療養費 入院時生活療養費 保険外併用療養費 訪問看護療養費	家族療養費 家族訪問看護療養費	療養の給付 入院時食事療養費 入院時生活療養費 保険外併用療養費 訪問看護療養費
	立替払い	療養費 高額療養費 高額介護合算療養費	家族療養費 高額療養費 高額介護合算療養費	療養費 特別療養費 高額療養費 高額介護合算療養費
	緊急時の移送	移送費	家族移送費	移送費
	傷病による休業	傷病手当金	なし	(傷病手当金)*
出産		出産育児一時金 出産手当金	家族出産育児一時金	(出産育児一時金)** (出産手当金)*
死亡		埋葬料・埋葬費	家族埋葬費	(葬祭費・葬祭の給付)**

*　任意給付であるが、実施市町村なし。
**　条例の定めるところにより支給。特別な場合は、給付を設けないことが可能。
出典：社会保険庁ホームページ（http://www.sia.go.jp/seido/iryo/kyufu/kyufu01.htm）。筆者により加筆修正。

病の治療に関する給付である。

　ただし、傷病の治療のためであっても、以下のものは別途支給される。

　①高齢者が療養病床に入院する場合以外の入院の際の食事代（入院時食事療養費）、②高齢者が療養病床に入院する際の食事代やホテルコスト（居住費）（入院時生活療養費）、③高度の医療技術を用いた療養など（評価療養）の費用（保険外併用療養費）、④入院患者が選定した特別の病室の提供など（選定療養）の費用（保険外併用療養費）

　また、かかりつけ医の管理の下で看護師等が患者の家を訪問して看護を行う訪問看護についても、療養の給付とは別の訪問看護療養費として支給される。

　このような各種給付により、通常の治療に必要な費用は医療保険によってカバーされることになる。逆に医療給付に入らないものとは、何であろうか。ま

ず、上記の入院時食事療養費や入院時生活療養費は、入院中の食事代や居住費のうち家庭でも負担している金額相当を除いた部分のみを療養費として支給するものである。したがって、平均的な家計で負担している金額相当は、これら療養費ではカバーされないことになる。同じように、保険外併用療養費の場合も、評価療養に該当する先進医療、医薬品・医療機器の治験などの診療、選定療養に該当する特別の病室、予約診療、時間外診療に関する費用は、医療保険の対象とならない。

この評価療養を理解するためには、混合診療禁止の原則というルールが重要である。混合診療とは、一連の診療行為において保険診療と保険外の診療（自由診療）とを混在させることである。現物給付という考え方すれば、必要な医療は医療保険から過不足なく提供されるべきである。仮に混合診療を認めると、患者が不当な支払いを請求されたり、有効性・安全性が確立していない医療が施されるなどの不利益が発生する可能性がある。このため、わが国では、保険外併用療養費に該当する場合を除き、混合診療が禁止されてきた。

このほか医療保険の対象とならないケースには、次のようなものがある。

① 労働者災害補償保険法によって治療費が支給される労働災害の場合等。この場合には、労働災害補償保険などから必要な給付が行われるためである。

② 故意による犯罪行為や事故、けんか・泥酔・著しい不行跡等によって治療の必要が生じた場合。このような反社会的行為は制度の趣旨に反し、保険給付を行うことが適当ではないためである。

③ 予防、健康増進などの費用（健診、人間ドックなど）に該当する場合。これらの場合には、保険事故（傷病）が観念できないためである。もちろん、医療保険の保健福祉事業として予防・健康増進などを行うことは排除されない。

④ 美容整形手術、疲労回復やダイエットのための措置、歯列矯正などのような場合。これらは、傷病の治療でなかったり、審美的性格を有するためである。

なお、交通事故の場合には、医療保険が使えないと誤解されやすいが、そうではない。第三者の故意・過失による事故が原因の傷病であっても、医療保険は使えるが、事後的に保険者から加害者に対して費用を請求すること（第三者行為求償）が認められているほか、既に被害者が損害賠償を受けた時には、その範囲で保険者としては医療給付を行わないことになっている。

受診の方法　受診にあたって、まず必要となるのが保険証（被保険者証等）である。医療機関で受診する場合には、保険証を窓口の提示して被保険者などの資格があることを確認してから療養の給付などが行われることになる。

しかし、正確にいえば、自動的にどこでも医療保険が使えるわけではない。医療保険の対象となる病院・診療所や薬局は保険医療機関、保険薬局といって、申請に基づいて厚生労働大臣が指定することになっている。また、保険医療機関で医療を担当する医師・歯科医師や薬剤師は、登録を受ける必要があり、保険医、保険薬剤師とよばれる。現物給付の考え方からすれば、保険者が自ら医療機関を設置し直接給付を行うことも選択肢ではあるが、わが国は自由開業医制を前提としており、このような指定制度や登録制度により医療が確保されている。また、医療の提供に当たっては、療養担当規則が定められており、各医療機関や医師等はこれに従う必要がある。

ところで、受診の際には、窓口で医療費の一定割合を支払うが、これを一部負担金という。その負担割合は、小学校入学前であれば2割、小学校入学後〜70歳未満であれば3割、70〜74歳であれば原則2割（2009年度は1割。現役並み所得者は3割）、75歳以上であれば原則1割（現役並み所得者は3割）となっている。また、入院した場合の入院時食事療養費および入院時生活療養費についても、標準負担額という名前の自己負担が設けられている。

診療報酬の仕組み　受診に際して患者と医療機関等との間には、有償の診療契約が成立しているのが一般的である。医療機関等が行った医療サービスの対価として医療保険が支払う料金のことを診療報酬とよんでいる。診療報酬は、大きく診療報酬点数表と薬価基準に分かれる。このうち

診療報酬点数表は、医療行為の技術やサービスを評価して点数化したものである。これに対して、薬価基準は、医療保険が給付対象としている薬剤のリストであると同時に価格表である。

診療報酬は、点数に単価10円をかけて計算される。診療報酬点数表は、医療行為に着目して細分化されている。このため、わが国の診療報酬は伝統的に出来高払制といわれ、個々の医療行為を基本として設定された点数の積み上げによって支払われてきた。しかし、近年は、急性期入院医療について、1日あたりの包括評価であるDPC制度の導入が進められている。DPC制度では、医療を診断群ごとに分類し、その1日あたりの点数を基に診療報酬を算定することから、過剰診療が抑制され、良質で効率的な医療の提供が期待されている。

診療報酬点数表と薬価基準は、国によって公定されており、物価・人件費の動向、医療環境の変化、薬の実勢価格に関する薬価調査などを勘案して通常定期的（2年ごと）に見直される。また、診療報酬の決定にあたっては、中央社会保険医療協議会という審議会が審議することになっている。

診療報酬として点数化されていない医療行為や、薬価基準に収載されていない医薬品は、診療報酬の支払いの対象とならない。この点で、診療報酬点数と薬価基準は、医療保険の料金表であると同時に、医療保険の給付範囲を画する基準である。

診療報酬の支払いは、各医療機関が毎月診療報酬の請求書とともに、診療報酬点数表に基づき診療内容を記載した診療報酬明細書（レセプト）を提出し、それを審査支払機関が審査した上で行われる。審査支払機関としては、社会保険診療報酬支払基金（被用者保険の場合）、国民健康保険団体連合会（国民健康保険・高齢者医療制度の場合）がある。

5　高齢者医療

高齢者医療の特徴　高齢者（65歳以上）の1人あたり国民医療費は2007年度で64.6万円となっており、若年者（65歳未満）の16.3万

円の4倍となっている。これは、高齢者の場合には若年者より病気がちであることから、一般的に受診頻度が高く、治療にも日数を要するためと考えられる。この医療費の差からもわかるように、高齢化は医療費の増大をもたらす。2007（平成19）年度には、国民医療費のうち約半分（52.0％）が高齢者の医療費となっている。

高齢者医療問題の経緯　国民皆保険以降の医療保険の歴史は、国保対策の連続といっても過言ではない。わが国の医療保険の特徴は、被用者が定年や解雇により会社等を退職した後に国保に加入することである。このことは、産業構造の変化や高齢化の進展により、国保の被保険者の年齢構成や所得水準に偏りを生じさせ、ひいては財政基盤の脆弱化を招くことにつながる。その点で、高齢者医療のあり方は、国保問題と密接な関係を有してきた。

　高度成長期に自治体を中心に展開された老人医療費無料化の流れは、結局国による老人医療費支援制度の創設（1973年）につながる。ところが、時代は安定成長期への転換点であるにもかかわらず、高齢化の進展により高齢者の医療費増に拍車がかかることになる。このため、1970年代後半以降、高齢者医療、その受け皿と国保のあり方が、政策の重要課題となっていった。

　その後、紆余曲折はあるが、高齢者医療問題は、1983（昭和58）年の老人保健制度（以下「老健制度」という）の創設によって一区切りを付けることになった。つまり、高齢者を対象に市町村が医療の給付とともに老人保健事業を行うことにより、高齢者の特性に合った総合的な保健制度を構築することとし、そのために必要な費用については、各医療保険の保険者からの拠出金や国・自治体の公費等により賄うという制度がスタートした。この老健制度は、名前の通り「保険」ではなく「保健」である。一言でいえば、老健制度は保険者による共同事業であり、高齢者は老健制度の加入者となると同時にそれぞれの医療保険にも引き続き加入するという制度である。

　老健制度と似て非なる制度として、退職者医療制度がある。これは、退職により被用者保険から国保の加入者となった被用者年金の受給権者を対象とした制度である。老健制度が高齢者の医療費を国民全体で支える制度であるのに対

して、退職者医療制度は、国保に加入することになった被用者OBを被用者保険全体で支える制度である。具体的には、退職者は国保の被保険者として給付を受けるが、その財源は、退職者とその被扶養者の保険料を別とすれば、被用者保険からの拠出金によって賄われる制度である。

このように老健制度と退職者医療制度が皆保険体制の維持に果たした役割は大きい。しかしながら、時を経るにつれて、拠出金などによって賄われる老健制度の負担関係がわかりにくいといった声も大きくなってきた。このため1990年代後半以降、医療保険制度の抜本改革が唱えられるようになった。改革の議論は、理念型としての、①独立型、②突抜型、③リスク構造調整、④一元化を軸に展開された。これら改革案の差異は、国保と被用者保険との関係で高齢者をどのように位置づけるかという点にあった。改革の議論は約10年に及んだが、2006（平成18）年の医療制度改革で導入が決まったのが後期高齢者医療制であった。

| 高齢者医療制度 | 高齢者医療制度は、①後期高齢者医療制度と、②前期高齢者医療制度とに分かれており、2008年（平成20）から

実施されている。このうち後期高齢者医療制度は、老健制度と異なり、対象者（原則75歳以上）を被保険者と位置付け、独自の医療給付を行う一方、被保険者には保険料負担を求めることになっている。また、制度の実施は、都道府県単位に設立される広域連合が保険料の賦課、医療給付の実施等を行うが、保険料徴収等の事務は市町村が行うことになっている。

これに対して前期高齢者医療制度は、原則として65歳から74の高齢者のための制度であるが、対象者は各医療保険制度に加入したまま、高齢者の加入状況のばらつきをならすための財政調整を行うことになっている。これに伴い、退職者医療制度は将来に向けて廃止されることが決まっている（図表4-5）。

このほか高齢者医療制度においては、40歳以上の者を対象として、生活習慣病予防のための特定健診や特定保健指導が設けられている。

図表4-5　医療保険制度の体系

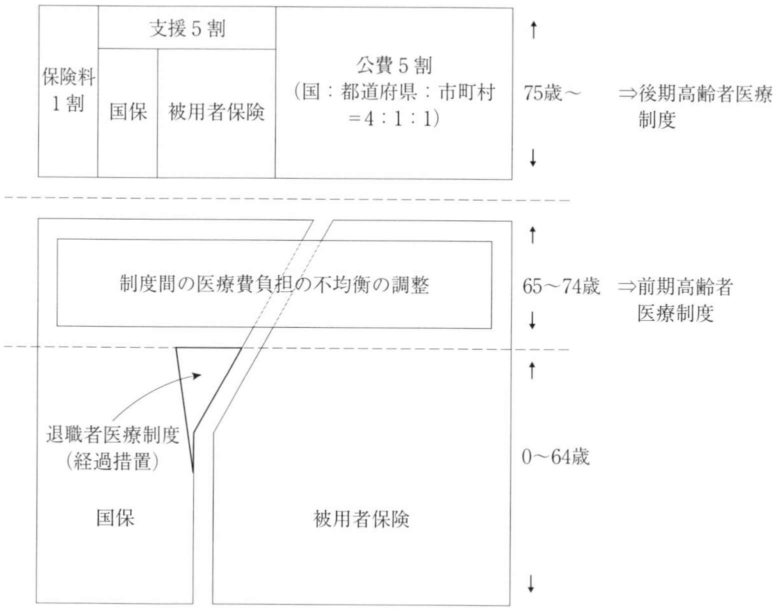

| 保険料1割 | 支援5割 | | 公費5割
(国：都道府県：市町村
＝4：1：1) | 75歳〜 | ⇒後期高齢者医療制度 |
| | 国保 | 被用者保険 | | | |

| 制度間の医療費負担の不均衡の調整 | 65〜74歳 | ⇒前期高齢者医療制度 |

退職者医療制度
（経過措置）

| 国保 | 被用者保険 | 0〜64歳 | |

6　財政の仕組み

財政の重要性　医療保険は現物給付を基本としているため、医療自体が保障されているようにも思われるが、医療保険も保険であり、その観点では保障されているのは医療に要する費用である。また、社会保険も保険である以上、拠出なくして給付なしが原則であり、負担と給付が均衡しなければ制度は維持できない。その点で、医療保険の財政は、給付と同じように重要である。

そこで、まず医療費の財源をみてみよう。2007（平成19）年度の国民医療費34.1兆円のうち36.7％が公費（国と地方公共団体の負担）、49.2％が保険料、その他が14.1％となっている。したがって、全体の約半分が保険料であるが、公費

も3分の1強を占めていることになる。

保険料　保険料の仕組みは、制度によって異なっている。まず、被用者保険の場合には、事業主と被用者が保険料を折半で負担するのが原則であるが、保険料の納付は、事業主が被用者分も源泉徴収した上で一括して納付することになっている。保険料の計算方法は、標準報酬月額と標準賞与額に保険料率をかけることにより行われる。この場合の標準報酬月額とは、事務処理の便宜のため、被保険者の様々な報酬の月額を区切りのいい47等級（第1級5.8万円～第47級121万円）の区分に当てはめ決定される金額である。また、標準賞与額は、年間540万円の範囲内で実際に支払われたボーナス等をもとに決定される。これに対して、保険料率の方は、全国健康保険協会管掌健康保険の場合には都道府県単位で、また、組合管掌健康保険の場合には組合単位で設定されることになっている。

市町村国保の場合には、保険料方式以外に国民健康保険税という名の地方税による税方式が存在しており、各市町村がいずれかを選択することになっている。いずれの場合であっても、世帯主が保険料（税）の納付義務を負っており、世帯単位で保険料（税）が計算される。また、保険料（税）の水準は市町村によって異なってくる。その設定方法は、応能負担による応能割と応益負担による応益割を組み合わせることになっている。応能割としては、所得割（所得に応じて算定）と資産割（固定資産税額に応じて算定）がある。また、応益割としては、被保険者均等割（被保険者数に応じて算定）と世帯別平等割（世帯単位で定額）がある。なお、この応益割は、低所得者ほど負担感が重いことから、保険料（税）の軽減制度が設けられている。

後期高齢者医療制度の場合には、被保険者単位で設定され各被保険者が納付義務を負うが、世帯主には連帯納付義務が課せられている。保険料の水準は、広域連合によって異なってくる。その設定方法は、所得割（所得に応じて算定）と均等割（1人あたりの定額）を合わせて計算される。

以上からわかるように、被用者保険の保険料が応能負担であるのに対して、市町村国保と後期高齢者医療制度は、応能負担と応益負担を組み合わせた仕組

みとなっている。なお、介護保険の第2号被保険者の場合は、医療保険の保険者が保険料を徴収することになっており、その分が上乗せされる。

保険料以外の財源 保険料のない保険はないとしても、保険料以外の財源も重要な役割を果たしている。例えば、市町村国保においては、公費が50％（国43％、都道府県7％）となっている。このほか市町村が行う保険料軽減制度による軽減分については、市町村と都道府県が1：3の割合で負担することになっている。このように市町村国保の公費負担の割合が高いのは、事業主負担がなく、被用者保険と比べて財政力が脆弱であることなどが理由である。また、市町村間の財政力の差も大きいことから、国庫負担の一部と都道府県負担は調整交付金として財政調整のため充てられることになっている。

後期高齢者医療制度においても、公費は約50％（国：都道府県：市町村＝4：1：1）となっており、その役割は大きい。また、公費以外にも、現役世代からの支援として後期高齢者支援金（約4割）が各医療保険の保険者から拠出されており、被保険者の保険料は約1割に止まっている。なお、後期高齢者医療制度の場合にも、財政調整のための国の調整交付金や低所得者の保険料軽減分を公費で補填するための保険基盤安定制度などが存在している。

被用者保険については、全国健康保険協会管掌健康保険の場合には国庫補助（2009年度は給付費等の13％、後期高齢者支援金の16.4％）が存在するが、組合管掌健康保険の場合には定額の予算上の補助に止まるなど、制度によって公費の割合は異なっている。

7　医療保険・高齢者医療の課題

医療費は、高齢化や医療技術の高度化により、毎年1兆円程度の規模で増大している。今後、高齢化の進展により公費割合の高い高齢者医療の比重が高まることからすれば、医療費の増大は公費の増大をもたらす可能性が高い。また、医療自体については、病院職員の過重労働、救急医療や産科小児科医の不

足、サービス需要に応えるための体制整備が課題となっている。

　増大する医療費やサービス需要に対応しつつ、医療保険制度の持続可能性を維持していくうえで、財源の確保方策がますます重要となってきている。しかしながら、保険料にしろ公費にしろ国民の負担であり、診療報酬制度や医療提供体制も含めて、資源の集中と選択により医療の効率化を図りつつ、需要に対応するための体制整備を図っていくことが必要であろう。

　また、医療保険制度自体についても、2008（平成20）年度の高齢者医療制度の実施、全国健康保険協会の発足にみられるように、制度は変革期にある。そうしたなかで、後期高齢者医療制度については、制度の見直しの検討が始まっている。

　社会保障制度は、社会経済の変化に伴い制度見直しが不可避であり、その点で生成発展的性格を有する。それだけに、いつの時代であっても給付と負担の公平の確保が制度の持続可能性の要諦である。

《参考文献》
笠木映里『公的医療保険の給付範囲』（有斐閣、2008年）
伊藤周平『後期高齢者医療制度』（平凡社、2008年）
井原辰雄『医療保障の法政策』（福村出版、2009年）
新田秀樹『国民健康保険の保険者』（信山社、2009年）
井上英夫『患者の言い分と健康権』（新日本出版社、2009年）
日本社会保障法学会編『講座社会保障法第4巻　医療保障法・介護保障法』（法律文化社、2001年）

【伊奈川秀和】

コラム3　保健サービスの意義と課題

　人々の健康な生活を守るためのサービスは、健康の保持・増進することを目的とした保健サービス、疾病の治療を目的とした医療サービス、生活上のニーズに対応することを目的とした福祉サービスの3つに大別される。保健サービスはすべての人々の健康の保持・増進を図ることを目的に、主に行政機関である保健所や市町村で実施されている。保健サービスのうち母子保健に関連するサービスは、「次世代育成支援対策推進法」（2005年度から10年間の時限立法）と「少子化社会対策基本法」の制定を受けた次世代育成支援行動計画の策定を通して、「健やか親子21」という国民運動計画に基づき取り組みがなされている。「健やか親子21」（2001年から2010年まで）の主な対象は母子保健にあるものの、父親や広く家族も含めて親と子が健やかに暮らせる社会づくりを目指すものである。その取組方針として、①思春期の保健対策の強化と健康教育の推進、②妊娠・出産に関する安全性と快適さの確保と不妊への支援、③小児保健医療水準を維持・向上させるための環境整備、④子どもの心の安らかな発達の促進と育児不安の軽減という4つが設定されている。

　具体的な保健サービス例をあげると、まず思春期のこころの問題に関する健康相談サービスがあげられる。妊娠・出産期では妊娠中から産後までの多様なサービスがある。例えば、妊娠届による母子健康手帳の交付にはじまり、希望者に対する母親学級・両親学級の設定、マタニティクッキング、産後安心ヘルプサービス、家庭訪問・先輩ママのお祝い訪問などである。また、出産前後の不安軽減や児童虐待を防止するための親子関係への心理的支援という専門性の高い健康相談サービスが求められている。乳幼児への保健サービスには、集団健康診査形式の乳幼児健康診査（3・4カ月児健康診査・1歳6カ月児健康診査・3歳児健康診査など）、保健指導・訪問指導がある。今後は、グレーゾーン児への支援や育児サークルの育成・支援、事故防止対策など多様かつ細分化されたサービスが求められている。

　現在の少子高齢社会では、保健、医療、福祉各分野のサービスをはじめとした社会保障施策の充実を図り、すべての国民が健やかで豊かな生活を送ることができるようにしていくことが重要な課題となっている。そのために公平なサービスの提供はもちろんであるが、保健、医療、福祉各分野の連携を図ることや、多くの専門家の積極的なかかわり、そして総合システムの整備が求められている。システムの整備については周産期救急医療システムおよび新生児救急医療システムに参画する医療機関を指定し、妊産婦・新生児が安心できる支援体制の早急な検討が重要である。

島田友子（長崎県立大学看護栄養学部准教授）

第5章　年金保険

ポイント

* 日本では、すべての国民が年金に加入する仕組み（国民皆年金）をとっており、公的年金制度は基礎年金と厚生年金とで構成される。
* 年金給付の種類は、老齢年金、障害年金、遺族年金からなり、それぞれの受給資格要件を満たすことによって年金を受給することができる。
* 一定期間保険料を支払わなければならない。もし、支払えない場合には、保険料納付を免除したり、猶予したり、後から追納することもできる。

1　年金制度の歴史と仕組み

年金制度の歴史

　年金制度は、老齢、障害または遺族の死亡によって所得が減退・喪失した場合に、その所得を一定程度保障するために存在する。年金制度の原型は、1905（明治38）年の八幡製鉄所共済組合（官営）や鐘紡共済組合（民間）での企業による労働者保護政策として始まった。全国的な取り組みとしては、1939（昭和14）年の船員保険法があげられるが、これは海上という特殊な労働で、かつ長時間労働、早期退職者が目立ったことから船員を確保するために創設された制度であった。1941（昭和16）年に創設されたのは労働者年金保険法であり、同法で対象とした被保険者は男子肉体労働者であった。この労働者年金保険法は厚生年金保険法に改称されたが（1944年）、その際に被保険者は事務労働者や女性まで拡大された。一方、1959（昭和34）年には国民年金法が創設され（61年施行）、自営業者も年金に加入することができるようになり、いわゆる国民皆年金が達成された。その後は、高度

経済成長の波にのり、1965（昭和40）年には年金給付額を月額1万円にし、1969（昭和44）年には2万円に、1973（昭和48）年には5万円にするとともに、賃金再評価（賃金スライド）と物価スライド（現役労働者の平均賃金の60％程度保障）を導入した。1985（昭和60）年には、基礎年金を創設する一方で、第3号被保険者を新設することによって女性の年金権を確保した。ただ、その後は年金給付水準を引き下げていく政策が中心となった。2000（平成12）年には65歳以上の賃金スライドを廃止し、2003（平成15）年には（ボーナスにも保険料をかける）総報酬制を導入し、2004（平成16）年にはマクロ経済スライドを導入するに至っている。

年金制度の仕組み　年金制度の仕組みは、①すべての国民が年金に加入すること（国民皆年金）、②社会保険という仕組みを用いて、2階建てで組み立てられていること、③世代間扶養（連帯）の理念の下、修正賦課方式を採用していることと説明できる。

第1に、国民皆年金とは、原則20歳以上のすべての国民が公的年金に加入することを意味する。ただし、国民年金法施行時（1961年）に達成されたといわれる国民皆年金体制において、当時の女性や学生が年金に加入するのは自由であった（任意加入）。それが、1985（昭和60）年の基礎年金制度創設に伴い、1986（昭和61）年4月から学生を除くすべての者は年金制度に加入しなければならなくなり、1991（平成3）年4月からは学生も含め、すべての者を強制加入させることにした。

第2に、日本の年金制度は、社会保険という枠組みを使って運営されていることである。すなわち、被保険者は年金保険の保険料を支払い、老齢、障害、または遺族が死亡した場合に年金給付を受け取ることができる。また、2階建て方式というのは、1階部分を国民年金としてすべての被保険者に一定額を支給するのに対し、2階部分は基本的に雇用されている労働者（これを被用者という）に対して、その給料（これを報酬という）に応じて厚生（共済）年金を支給する仕組みのことをいう（図表5-1参照）。つまり、自営業者等は、1階部分の国民年金のみ受給できるのに対し、被用者は1階の基礎年金部分に加えて、

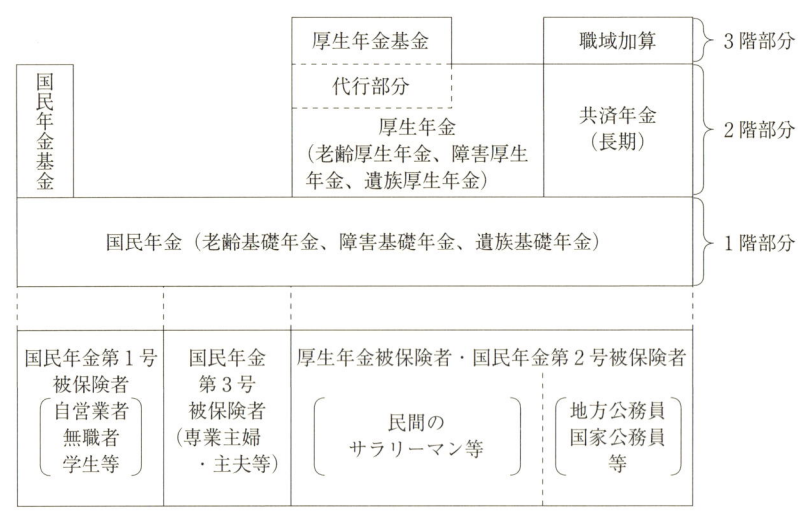

図表 5-1 公的年金制度の枠組み

国民年金基金		厚生年金基金	職域加算	3階部分
		代行部分	共済年金（長期）	2階部分
		厚生年金（老齢厚生年金、障害厚生年金、遺族厚生年金）		
国民年金（老齢基礎年金、障害基礎年金、遺族基礎年金）				1階部分
国民年金第1号被保険者 自営業者 無職者 学生等	国民年金第3号被保険者 （専業主婦・主夫等）	厚生年金被保険者・国民年金第2号被保険者		
		民間のサラリーマン等	地方公務員 国家公務員等	

　2階の厚生年金部分も受給できることになる。なお、自営業者等には、厚生年金や共済といった2階部分が存在しないため、年金給付額が低く抑えられることになる。それを補う制度として、本人の意思によって加入することのできる国民年金基金という仕組みがある。

　3点目の世代間扶養（連帯）とは、自ら支払った保険料は現在の高齢者世代の給付のために使われ、自分たちが高齢者になった時にはその時の現役世代によって給付を賄ってもらう、世代と世代の助け合いの仕組みを意味する。そして、このような年金財政の仕組みを賦課方式という（これに対して、自分の支払った年金保険料は自分の年金給付のために使われる財政方式を積立方式という）。

2　保険者と被保険者

　年金保険の保険者は、国民年金および厚生年金ともに政府である。政府の中でも年金に関する所管は、厚生労働省である。年金の業務運営に関しては、2010（平成22）年1月から社会保険庁に代わり日本年金機構が担当している。

図表 5-2　第 3 号被保険者の収入および労働時間・労働日数要件

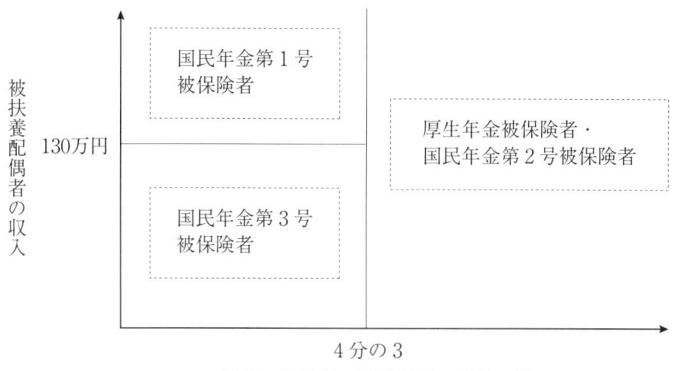

```
被扶養配偶者の収入
↑
│      ┌─────────┐
│      │国民年金第1号│
│      │被保険者    │         ┌──────────────┐
│      └─────────┘         │厚生年金被保険者・    │
130万円                       │国民年金第2号被保険者│
│      ┌─────────┐         └──────────────┘
│      │国民年金第3号│
│      │被保険者    │
│      └─────────┘
└──────────┼──────────────────→
          4分の3
       通常の就労者の労働時間・労働日数
```

出典：厚生労働省 HP「短時間労働者等に対する厚生年金適用」(http://www.mhlw.go.jp/shingi/0112/s1214-4e2.html) をもとに筆者作成

　一方、被保険者は、国民年金法の場合、原則として20歳以上のすべての者がその対象となり、学生や自営業者、無職者等の第 1 号被保険者、サラリーマンや公務員等の第 2 号被保険者、サラリーマンの妻等の第 3 号被保険者に分けられる（図表 5-1 参照）。なお、第 3 号被保険者は、サラリーマンの妻であればすべての者がなるわけではない。それは、①第 2 号被保険者の配偶者であり、②主として第 2 号被保険者の所得によって養われて（生計を維持されて）おり、③20歳以上60歳未満の者である必要がある。なお、②の第 2 号被保険者の所得によって、生計を維持しているかどうかについての判断は、(i)本人の所得が第 2 号被保険者である配偶者の所得の 2 分の 1 未満か否か、(ii)通常の就労者の所定労働時間、所定労働日数のおおむね 4 分の 3 未満か否か、(iii)年間収入が130万円未満か否かによってなされる（図表 5-2 参照）。また、厚生年金保険法上の被保険者は、事業主に「使用せられる」者である。いい換えると、会社に雇われている従業員ということになる。この厚生年金保険法上の被保険者は、国民年金法上の第 2 号被保険者ともなる。

3 年金給付

1 障害年金

障害基礎年金

障害年金には、国民年金である障害基礎年金とサラリーマン等のように雇用されている人が加入している被用者保険の障害厚生年金がある。障害基礎年金は、①その病気または怪我（これらを傷病という）について初めて医師または歯科医師の診断を受けた日（これを初診日という）に、②国民年金の被保険者、または被保険者であった20歳以上65歳未満の者が、（傷病による初診日から1年6ヶ月を経過した日、またはその間に傷病が治った場合はその日をさす）障害認定日に際して、③障害等級1級または2級に該当し、④初診日の前日において、初診日の属する月の前々月までに被保険者期間のうち、保険料納付済期間や保険料免除期間、保険料納付の猶予を受けた期間（学生納付特例等による猶予期間もこれにあたる）を合わせた期間が被保険者期間の3分の2以上ある場合に給付される。ただし、上記期間が3分の2に満たない場合、④′初診日の属する月の前々月までの1年間に保険料滞納期間がなければ、障害基礎年金を受給することができる。

障害基礎年金の受給額は、1級の場合99万100円（＝満額の老齢基礎年金×1.25）＋子の加算であり、2級の場合79万2,100円（＝満額の老齢基礎年金）＋子の加算である（平成21年度）。なお、子の加算は、第1子、第2子には各22万7,900円、第3子以降には各7万5,900円付与される。ここでいう子とは、18歳未満（障害者は20歳未満）で、18歳に達した日以後の最初の3月31日までをさす。

障害厚生年金

障害厚生年金は、①初診日において厚生年金保険の被保険者が、②障害認定日に際して、③障害等級1級〜3級に該当し、④初診日の前日において、初診日の属する月の前々月までに被保険者期間のうち、保険料納付済期間や保険料免除期間、保険料納付の猶予を受けた期間（学生納付特例等による猶予期間もこれにあたる）を合わせた期間が被保険者期間の3分の2以上ある場合、または④初診日の属する月の前々月までの1

年間に保険料滞納期間がない場合に給付される。なお、障害等級3級に満たない場合には、一時金として障害手当金が支給される。

障害厚生年金の受給額は、障害等級1級の場合、報酬比例の支給額×1.25＋配偶者加給年金（22万7,900円）であり、障害等級2級の場合、報酬比例の支給額＋配偶者加給年金である（平成21年度）。つまり、障害等級1級の場合、同2級の場合よりも報酬比例の支給額の1.25倍多く支給されるとともに、受給権者によって生計が維持されている65歳未満の配偶者がいる場合には、配偶者加給年金として年金を加算する仕組みを採っている。

障害厚生年金は、障害等級3級の場合にも給付される。ただし、障害等級3級の場合には、報酬比例の支給額のみ支給される。なお、報酬比例部分の支給額は、障害等級にかかわらず、被保険者の平均報酬月額や被保険者期間の月数（被保険者期間が300ヶ月未満の場合は300ヶ月として計算）に比例して支給される。すなわち、被保険者の平均報酬が高いほど、保険料を多く支払うことになり、その結果支給額も高額になる一方で、被保険者期間としての保険料支払済期間や保険料免除期間が長いほど支給額も高額になる。

障害厚生年金は、最低保障額（59万4,200円）を定めている（1級～3級）。なぜなら、障害厚生年金は、報酬比例年金であるため、当該被保険者の報酬が低い場合には、一定程度の年金額を受給できない場合があるからである。このことは、障害等級3級の場合に、より顕著となる。すなわち、障害等級1級や2級の場合には、障害厚生年金に加えて障害基礎年金を受給できるのに対し、障害等級3級の場合には障害基礎年金が支給されないため、障害厚生年金のみによって一定水準（59万4,200円＝障害基礎年金（2級）の額×4分の3）の所得を保障しているからである。

障害手当金　障害等級3級よりも軽い障害の場合は、一時金として障害手当金が支給される。障害手当金の受給資格要件は、①初診日に厚生年金の被保険者であり、②初診日から起算して5年を経過する日までの間に傷病が治癒し、固定しており、③治癒した日に政令で定める程度の障害の状態にあり、④保険料の納付要件を満たしていることがあげられる。

障害手当金の給付額は、報酬比例の年金額（障害等級3級の障害厚生年金）の2倍である。ただし、2倍といっても、障害手当金は1度しか支給されない。なお、その給付額が118万8,400円よりも低い場合には118万8,400円が最低保障額として給付される。

> 20歳前障害への年金給付

年金制度は原則として20歳以降加入することになっているが、20歳になる前に障害認定日がある場合には、被保険者本人の加入期間が存在せず、保険料も納めていないものの、特例として20歳から障害基礎年金が支給される。ただし、20歳前の障害に伴う年金は保険料を納めずに給付されるため、支給制限がある。

なお、20歳前の傷病の初診時にすでに厚生年金保険等の被保険者である者はたとえ20歳前に障害が生じたとしても、すでに厚生年金の被保険者であることから障害基礎年金、障害厚生年金ともに支給される。

> 学生無年金

20歳前障害者に対しては、上記のように障害基礎年金が支給されるのに対し、20歳以降に障害になり、かつ免除手続きをせず、保険料を納めていなかった場合にはこれまで年金を受給できなかった。現在でこそすべての国民に対しては年金保険に強制加入する仕組みが採用されているが、1961（昭和36）年以降1991（平成3）年3月まで学生は年金保険に任意加入できたものの、実際加入していた学生は2％に満たなかった。にもかかわらず、年金に加入していない学生には給付がなされなかった。そこで、憲法上の平等原則違反を争ったいわゆる学生無年金訴訟が全国各地で起きた。最高裁では障害者ら原告の敗訴になっていたが、訴訟を提起した影響は大きく、20歳以降に障害になった者が無年金だった場合には、特別障害給付金を支給することになった。特別障害給付金の受給額は、障害等級1級の場合には5万円、障害等級2級の場合には4万円である。

2　老齢年金

> 老齢基礎年金

老齢年金の受給資格要件は、①受給資格期間である25年を満たしていること、②満65歳に至ることである。ここ

でいう受給資格期間には、年金を支払っていた期間（保険料納付済期間）のほか、保険料を免除していた期間（保険料免除期間）と保険料納付猶予期間（学生納付特例や若年者猶予制度）を含む。この受給資格期間を満たすことによって、年金受給権者は基本権を獲得する。その後、被保険者は厚生労働大臣の裁定を経て、65歳の誕生日まで遡って年金受給権を獲得することになる。年金算定式は、基礎年金部分については年金受給額＝78万900円×改定率である。ここでいう改定率とは、賃金や物価の伸び率、人口の動向、平均余命をもとに変化するものである。新規裁定者の場合、改定率＝賃金の伸び率－スライド調整率となり、既裁定者及び新規裁定後3年を経た者の場合、改定率＝物価の伸び率－スライド調整率となる。このように、賃金や物価の伸び率を年金額に反映させずに、人口（被保険者数）の動向や平均余命の伸び率をスライド調整率として換算し、年金額の上昇を抑制する仕組みがマクロ経済スライドである。なお、マクロ経済スライドは、年金額の伸びがゼロになるまでにとどめ、賃金や物価の伸びがマイナスの場合には調整せず賃金や物価の下落分のみ年金額に反映させることにした。

老齢厚生年金

老齢厚生年金は、65歳以上の老齢厚生年金と60歳から64歳までの老齢厚生年金との2つがある。65歳以上の老齢厚生年金の受給資格要件は、①老齢基礎年金の受給資格期間（25年）を満たし、②厚生年金保険の被保険者期間が1月以上あり、③65歳に達することによって満たされる。受給額は年金受給額＝（平均標準報酬月額×7.125/1,000×平成15年3月までの被保険者期間の月数＋平均標準報酬月額×5.481/1,000×平成15年4月以後の被保険者期間の月数）×改定率で表される。

一方、60歳から64歳までの老齢厚生年金は、特別支給の老齢厚生年金として、①1年以上の被保険者期間を有し、かつ、②老齢基礎年金の受給資格を満たす者に対して、定額部分と報酬比例部分とを合わせた額が支給されることになった。現在のところ、その支給開始年齢は段階的に引き上げられている（図表5-3参照）。1994（平成6）年法改正では、厚生年金の定額部分の支給開始年齢の引上げがなされた。具体的には、男子の年金支給開始年齢は2001（平成13）

図表5-3 老齢年金受給開始年齢と受給できる老齢年金の種類

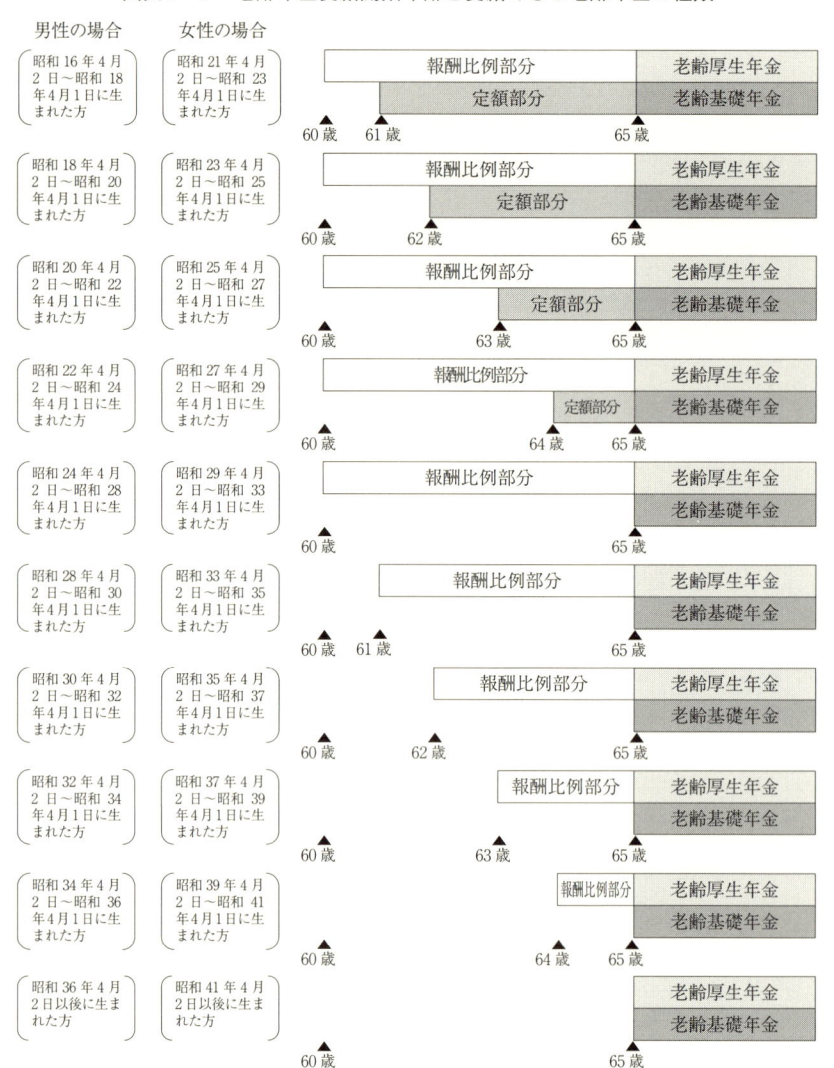

男性の場合	女性の場合	受給開始年齢と年金の種類
昭和16年4月2日～昭和18年4月1日に生まれた方	昭和21年4月2日～昭和23年4月1日に生まれた方	60歳：報酬比例部分／61歳：定額部分／65歳：老齢厚生年金・老齢基礎年金
昭和18年4月2日～昭和20年4月1日に生まれた方	昭和23年4月2日～昭和25年4月1日に生まれた方	60歳：報酬比例部分／62歳：定額部分／65歳：老齢厚生年金・老齢基礎年金
昭和20年4月2日～昭和22年4月1日に生まれた方	昭和25年4月2日～昭和27年4月1日に生まれた方	60歳：報酬比例部分／63歳：定額部分／65歳：老齢厚生年金・老齢基礎年金
昭和22年4月2日～昭和24年4月1日に生まれた方	昭和27年4月2日～昭和29年4月1日に生まれた方	60歳：報酬比例部分／64歳：定額部分／65歳：老齢厚生年金・老齢基礎年金
昭和24年4月2日～昭和28年4月1日に生まれた方	昭和29年4月2日～昭和33年4月1日に生まれた方	60歳：報酬比例部分／65歳：老齢厚生年金・老齢基礎年金
昭和28年4月2日～昭和30年4月1日に生まれた方	昭和33年4月2日～昭和35年4月1日に生まれた方	61歳：報酬比例部分／65歳：老齢厚生年金・老齢基礎年金
昭和30年4月2日～昭和32年4月1日に生まれた方	昭和35年4月2日～昭和37年4月1日に生まれた方	62歳：報酬比例部分／65歳：老齢厚生年金・老齢基礎年金
昭和32年4月2日～昭和34年4月1日に生まれた方	昭和37年4月2日～昭和39年4月1日に生まれた方	63歳：報酬比例部分／65歳：老齢厚生年金・老齢基礎年金
昭和34年4月2日～昭和36年4月1日に生まれた方	昭和39年4月2日～昭和41年4月1日に生まれた方	64歳：報酬比例部分／65歳：老齢厚生年金・老齢基礎年金
昭和36年4月2日以後に生まれた方	昭和41年4月2日以後に生まれた方	65歳：老齢厚生年金・老齢基礎年金

出典：社会保険庁HP（http://www.sia.go.jp/seido/nenkin/shikumi/kaishi.pdf）より抜粋

年から2013（平成25）年にかけて、女子は2006（平成18）年から2018（平成30）年にかけて60歳から65歳へと引き上げられている。さらに2000（平成12）年改正では、厚生年金の報酬比例（部分年金）部分も男子は2014（平成26）年から2026（平成38）年にかけて、女子は2019（平成31）年から2031（平成43）年にかけて段階的に60歳から65歳へと引き上げていくことになっている。

老齢厚生年金の繰上げ受給と繰下げ受給　日本の老齢年金の受給開始年齢は、65歳である。ただし、老齢基礎年金の場合、60歳から64歳まで同年金を繰上げ受給することができる。この年金を65歳よりも早期に受給する場合、年金額は月々0.5％減額される。したがって、1年年金受給を早める場合（64歳から受給）には6％（＝12（ヶ月）×0.5（％））減額され、最大の5年、年金受給を早める場合には30％減額されることになる。なお減額された場合は、当然のことながら65歳以降も同水準の給付額を受け取ることになる。

一方、65歳時に繰下げを希望する場合には、最長5年間、受給開始を遅らせることができる。繰下げを行う場合には、各月ごとに0.7％ずつ年金額が増額されることになる。

在職老齢年金　近年、高齢者でも仕事をしている者が増えている。60歳以上の在職者は、在職老齢年金制度によって老齢厚生年金の一部または全部が支給停止される。支給停止は、①60歳から64歳までと、②65歳以降とでは条件が異なり、②のほうが緩やかな停止となっている。

3　遺族年金

遺族基礎年金　遺族基礎年金は、①国民年金の被保険者、もしくは、②被保険者であった60歳以上65歳未満の者が死亡した場合、または、③老齢基礎年金の受給権者、もしくは、④老齢基礎年金の受給資格期間を満たした者が死亡した場合にその遺族に対して支給される。ただし、死亡した者の保険料納付済期間と保険料免除期間（保険料納付猶予期間を含む）を加えた期間がその者の国民年金の被保険者期間の3分の2以上存在する必要がある。

遺族基礎年金の受給権者は、子を有する妻または子である。ここでいう子とは、18歳未満の子、または障害等級1級もしくは2級の障害がある20歳未満の子をさす。つまり、遺族基礎年金は、夫に対しては支給されない。

遺族基礎年金の受給額は、満額の老齢基礎年金と同額である（79万2,100円＋子に対する加算）。子の加算は、第1子、第2子は、各22万7,900円、第3子以降は各7万5,900円である。遺族基礎年金は、死亡、婚姻、養子縁組によって受給できなくなるほか、子が18歳以上になった場合にも受給できなくなる。

遺族厚生年金　一方、遺族厚生年金は、①被保険者が死亡した場合、②初診日において厚生年金の被保険者であった者が、その傷病を原因として死亡した場合（初診日から5年以内）、③障害等級1級または2級の障害厚生年金の受給権者が死亡した場合、④老齢厚生年金の受給権者、または、⑤老齢基礎年金の受給資格期間を満たした者が死亡した場合、以下の者に対して支給される（ただし、①または②の場合、被保険者が保険料を滞納した期間が国民年金の被保険者期間の3分の1以上あるときには不支給）。

遺族年金の受給権者は、(i)18歳未満の子のある妻、または子、(ii)子（18歳未満）のない妻、(iii)55歳以上の夫又は父母、(iv)18歳未満の孫、(v)55歳以上の祖父母で、その順に受給資格を認める。なお、(i)については、遺族基礎年金と遺族厚生年金を支給するのに対し、(ii)～(v)については、遺族厚生年金のみ支給する。また、(ii)の場合で、30歳未満の子のない妻については、5年間のみ遺族厚生年金を支給し、(iii)と(v)については、これら遺族が60歳になったときに支給開始することとされている。

遺族厚生年金の受給額は、死亡した被保険者の老齢厚生年金の支給額の4分の3である（ただし、被保険者期間の月数が300ヶ月未満の場合、300ヶ月で計算）。このほか、中高齢寡婦加算（子のない妻に対して一定の条件を満たせば、40歳以上65歳未満まで加算）が支給される。加算額は、遺族基礎年金の4分の3（59万6,000円）である。

遺族厚生年金と老齢厚生年金の併給　従前は、1人1年金という原則から妻の老齢基礎年金に加えて、妻の老齢厚生年金または夫の遺族厚生年金のど

第5章　年金保険　87

図表5‑4　老齢厚生年金と遺族厚生年金の併給調整

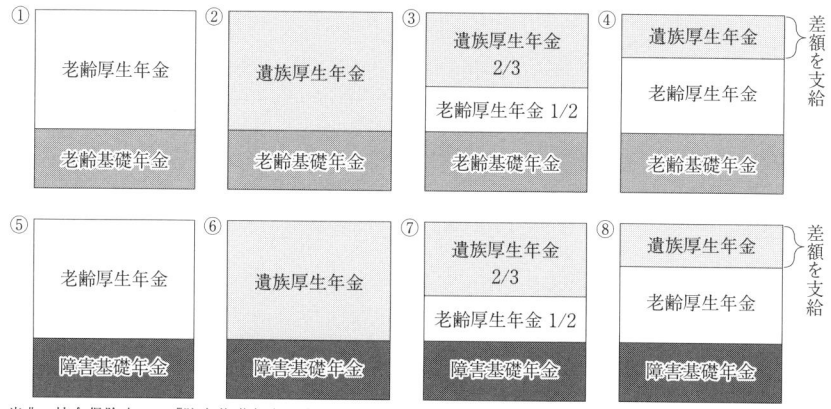

①	②	③	④
老齢厚生年金	遺族厚生年金	遺族厚生年金 2/3 / 老齢厚生年金 1/2	遺族厚生年金 / 老齢厚生年金
老齢基礎年金	老齢基礎年金	老齢基礎年金	老齢基礎年金

差額を支給

⑤	⑥	⑦	⑧
老齢厚生年金	遺族厚生年金	遺族厚生年金 2/3 / 老齢厚生年金 1/2	遺族厚生年金 / 老齢厚生年金
障害基礎年金	障害基礎年金	障害基礎年金	障害基礎年金

差額を支給

出典：社会保険庁 HP「障害基礎年金と老齢厚生年金との併給について」(http://www.sia.go.jp/seido/nenkin/heikyu.pdf) より筆者作成

ちらかを選択することになっていた。しかしながら、夫の遺族厚生年金を選択すれば、自らかけてきた保険料の意味がなくなる。そこで、1994（平成6）年法改正では、1995（平成7）年4月から、①妻の老齢厚生年金、②夫の遺族厚生年金、または、③夫の遺族厚生年金の3分の2＋妻の老齢厚生年金の2分の1のいずれかを選択することとされた。さらに、2007（平成19）年4月から①～③の3者のうち最も高い年金額から妻の老齢厚生年金を差し引いた差額を夫の遺族厚生年金として支給することにした（④）。つまり、妻の老齢厚生年金部分をすべて生かすようにした。

加えて、2006（平成18）年4月から障害者の就労意欲をそがないために、65歳以上の障害基礎年金受給権者には、従前同様に障害厚生年金との併給を認めるほか、新たに老齢厚生年金および遺族基礎年金との併給調整も認めるようになった（⑤～⑧。ただし、⑧は2007年4月から認められている。**図表5‑4参照**）。

離婚時の年金分割　　これまで、65歳以上で離婚した場合、慰謝料をとることはできても、法律上、年金は分割されてこなかった。そこで、夫婦が離婚した場合には、婚姻期間中に支払ってきたこれまでの年金保険料の支払い記録を分割することにした。これが年金分割である。分割方法

は、当事者の合意の有無および被保険者の種類に応じて異なる。

　第1に、夫婦ともに離婚時の年金分割に合意している場合である（2007年4月以降に生じた離婚が対象）。この場合の年金分割は、原則として婚姻期間中において標準報酬総額の多い当事者の保険料納付記録の一部を分割して、標準報酬総額の少ない当事者の記録へと移しかえることになる（合意分割）。分割割合は当事者の話し合いで決められる。ただし、分割割合は両者の記録の持分が等しくなるところまでを上限としている。

　第2に、夫婦間で離婚時の年金分割に折り合いがつかず、かつ夫婦のどちらかが国民年金第3号被保険者であった場合の離婚時の年金分割である（2008年4月以降に生じた離婚が対象）。この場合には、当該第3号被保険者の請求によって、婚姻期間中の第3号被保険者期間に限り、夫婦のうち給与所得の高い側の厚生年金保険料の納付記録を各2分の1に分割し、その分割部分を第3号被保険者に割振ることになる。

4　年金財政と費用負担

1　年金財政

　年金保険の費用は、保険料と国庫負担からなる。保険料は、被保険者と事業主がそれぞれ半分ずつ拠出する（これを労使折半という）。国民年金の保険料額は、国民1人あたり一律1万4,460円である（平成21年度）。一方、厚生年金の保険料額は、標準報酬月額に、労使あわせて15.704％（平成21年9月～22年8月）を掛け合わせた額である。ただし、標準報酬月額には、上下限があることに注意する必要がある。

　一方、国庫負担については、国民年金のみ給付の2分の1を賄っている。なお、平成21年度および22年度（2009年4月から2011年3月まで）の3分の1から2分の1への国庫負担引き上げ分は、財政投融資特別会計から特例的に繰り入れることになっている。ただし、それ以降は、税制改革を念頭におくこととしながら、具体的な見通しは今後決められることになっている。

2　年金保険料の減免

　所得が低い場合には、年金保険料を減免することができる。まず、年金を全額免除できる場合は、前年の年間所得が（被扶養者の数＋１）×35万円＋22万円を超えない時である（具体例として、単身の場合は57万円になる）。2009（平成21）年４月から保険料の全額を免除した期間についての年金額への反映は、保険料を全額納付した場合の２分の１（平成21年３月までは３分の１）が支給される。また、保険料を一部免除する場合は、４分の３免除、半額免除、４分の１免除の３パターンが存在する。４分の３免除した場合は、全額納付の８分の５が給付額に反映され、半額免除した場合は全額納付の４分の３、４分の１免除した場合は、全額納付の８分の７が給付額に反映される。

　保険料が免除された場合でも、10年以内の追納が可能である。ただし、２年以内に追納すれば保険料額を、２年を超過した場合には利子相当額を加えた額を納付しなければならない。なお、免除手続をせず保険料を滞納した場合には、２年以内のみ追納が可能である。

3　学生納付特例と若年者納付猶予制度

　学生納付特例は、学生であれば申請することができる。ただし、前年の所得が、118万円＋扶養親族等の数×38万円＋社会保険料控除等の合計額を超えない必要がある。一方、高額所得の親を持つ若年者は、保険料を減免することができない。そこで、若年者であっても年金保険料を減免するため、保険料免除の基準を本人（と配偶者）の所得のみに求めたのが若年者納付猶予制度である。その基準額は、全額免除と同様の、前年の年間所得が（被扶養者の数＋１）×35万円＋22万円の合計額を超えない場合に認められる。

　学生納付特例制度や若年者納付猶予が認められた場合、保険料納付猶予期間中は障害年金や遺族年金を受給することができる。ただし、猶予された期間は年金の受給額に反映されない、いわゆる「カラ期間」として扱われる。学生納付特例や若年者納付猶予制度は、10年以内の追納が認められているが、２年を超過して追納する場合は利子を付けて納付しなければならない。

5　企業年金

企業年金の種類　企業年金は、厚生年金基金、確定給付企業年金、確定拠出年金および国民年金基金に分けることができる。厚生年金基金は、厚生年金の適用事業所の事業主とそこで働いている被保険者で組織される。基金の設立事業所で働いている被保険者は、すべて当該基金の加入員となる。掛金は加入員と事業主とで折半することを原則としているが、事業主の負担割合を増加することもできる。

　確定給付型企業年金は、企業が最終的に給付の責任を負う。これは、規約型と基金型に分けられる。確定拠出型年金は、加入者が自己責任で運用指図を行う企業年金である。企業型の確定拠出型年金は、企業が掛金を拠出し、60歳未満の従業員すべてを加入させる。一方、個人型の確定拠出型年金は、自営業者や確定給付型のない従業員が加入するものであり、掛金は全額自己負担となる。いずれの場合も、運用先は、加入者である従業員が責任をもって決めることになる。

企業年金の問題点　第1に、厚生年金基金の代行返上問題があげられる。これまで、厚生年金基金は、厚生年金基金のみならず厚生年金の資金を用いて資産運用し、利益を上げてきた（厚生年金の代行）。しかしながら、近年においては、資産運用しても赤字になることが多くなり、厚生年金の資金の運用を代行しなくなってきた（代行返上）。

　第2に、確定給付型における年金減額問題があげられる。年金は、老後等の大切な生活資金であることが多く、すでに被保険者ではないため、簡単に年金額を引き下げることは問題である。そこで、年金額を引き下げる場合には、①年金額の引き下げが真にやむを得ないこと、②減額対象者の3分の2以上の同意を得ること、③すでに退職した受給権者には希望者に対して最低積立基準額相当額を返還することを要件としている。

　第3に、確定拠出年金における問題点である。1つは、年金給付が未確定で

あることがあげられる。確かに、利益の出る運用ができればよいが、運用を失敗してしまうと、当然ながら、年金額が減り、老後の生活設計が苦しくなろう。また、確定拠出年金には、第3号被保険者と共済組合員は加入できないということも問題点としてあげられる。

6 年金保険の課題

年金の未納者問題 老齢年金を受給する場合、被保険者は25年以上に渡って年金保険に加入する必要がある。しかしながら、生活困窮者が保険料を滞納すると、年金の保険料免除申請を行わない限り、25年の加入期間を満たせなくなってしまう事態も生ずる。また、自分たちが高齢者となったときに年金自体はすでに破綻し、給付されないと思い、意図的に保険料を支払わない者も存在する。確かに、年金財政は厳しい。しかしながら、年金は国が最終的な責任をとる仕組みとなっており、国家が崩壊しない限り破綻することはない。年金の未納者問題は、強制加入で、サラリーマンや公務員などから保険料を源泉徴収している限り、年金総額にはさほど影響はなく、むしろ全年金被保険者の約5％の保険料未納者が、保険料を支払わず免除手続きも怠ったために、最終的に年金給付を受けられない問題にすぎない。

年金記録問題 年金記録問題は、「宙に浮いた年金記録問題」と「消えた年金記録問題」に分けられる。「宙に浮いた年金記録問題」は、①同一人に複数の年金手帳が交付されたことが発端となっており、名寄せすると約5,000万件の未統合事案があることが発覚した。また、年金記録の保管は、これまで紙台帳→マイクロフィルム→オンラインへと進んできたが、オンライン化されていないマイクロフィルムの記録が1,466万件あることもわかった。そこで、現在はこれら年金記録の確認作業を行っている。

一方「消えた年金記録問題」は、①納付記録が「宙に浮いた年金記録」の中に埋もれている場合、②自分の記録が他人の基礎年金番号に誤って統合された場合、③社会保険庁の職員が年金保険料を着服し、その分の年金記録を消した

場合、④厚生年金の滞納保険料を帳消しにするために、年金記録の不適正な遡及訂正が行われた場合があげられる。

　このような年金記録問題が明らかになったのは、2006（平成18）年6月に長妻昭議員が保険料を支払っているにもかかわらず未納になっている4件を指摘したことが発端であった。このことが、2006年8月には2万4,000件の記録漏れが発覚し、2007（平成19）年2月には、衆議院調査局による調査により約5,000万件の「宙に浮いた年金記録」が発覚するに至った。

社会保険方式と税方式の選択

　社会保障国民会議最終報告書では、今後の年金制度のあるべき方向性として社会保険方式が望ましいか税方式が望ましいか結論を出せず、両論併記とした。ただ、社会保険方式から税方式に移行した場合には、追加的に必要になる額を試算している（図表5－5参照）。例えばケースBだと制度移行時に8兆円、ケースCであれば24兆円の額が必要になるとされる（消費税に換算すれば、ケースBは3.5％、ケースCだと8.5％の追加負担）。今後、財源論を含めた年金制度のあり方が議論されなくてはならない。

《参考文献》
堀勝洋『年金の誤解』（東洋経済新報社、2005年）
江口隆裕『変貌する世界と日本の年金』（法律文化社、2008年）
駒村康平編『年金を選択する』（慶應義塾大学出版会、2009年）

【田中秀一郎】

第5章　年金保険　93

図表5-5　社会保険方式から税方式に移行するイメージ

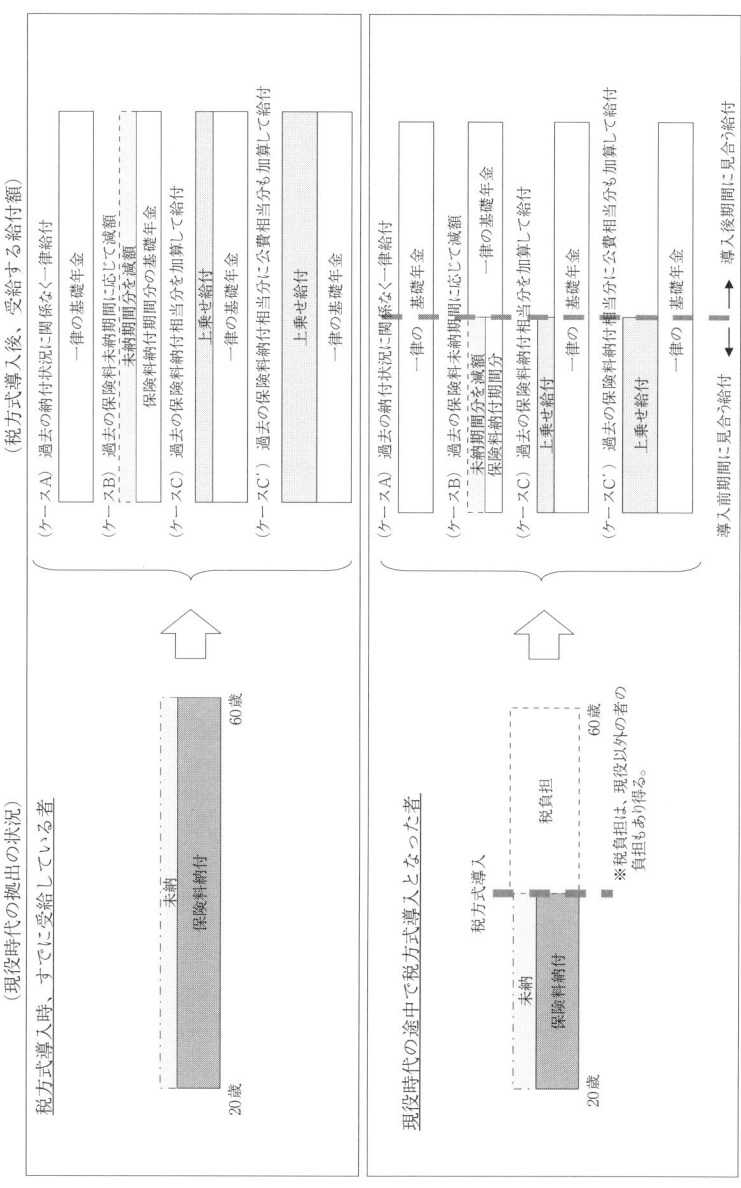

(現役時代の拠出の状況)　(税方式導入後、受給する給付額)

税方式導入時、すでに受給している者

20歳〜60歳：保険料納付／未納

⇒
- (ケースA) 過去の納付状況に関係なく一律給付：一律の基礎年金
- (ケースB) 過去の保険料未納期間に応じて減額：未納期間分を減額／保険料納付期間分の基礎年金
- (ケースC) 過去の保険料納付相当分を加算して給付：上乗せ給付／一律の基礎年金
- (ケースC') 過去の保険料納付相当分に公費相当分を加算して給付：上乗せ給付／一律の基礎年金

現役時代の途中で税方式導入となった者

20歳〜60歳：保険料納付／未納／税方式導入／税負担
※税負担は、現役以外の者の負担もあり得る。

⇒
- (ケースA) 過去の納付状況に関係なく一律給付：一律の基礎年金
- (ケースB) 過去の保険料未納期間に応じて減額：未納期間分を減額／保険料納付期間分／一律の基礎年金
- (ケースC) 過去の保険料納付相当分を加算して給付：上乗せ給付／一律の基礎年金
- (ケースC') 過去の保険料納付相当分に公費相当分を加算して給付：上乗せ給付／一律の基礎年金

導入前期間に見合う給付 ←→ 導入後期間に見合う給付

出典：社会保障国民会議最終報告書付属資料より抜粋（2008年11月4日）(http://www.kantei.go.jp/jp/singi/syakaihosyoukokuminkaigi/saishu/siryou_2.pdf)

コラム4　福祉サービスの組織と経営

　福祉サービスにかかる組織や団体の中で、大きな役割を果たしているものの一つに社会福祉法人がある。社会福祉法人は社会福祉法に「社会福祉事業を行うことを目的として、この法律の定めるところにより設立された法人（第22条）」と定義されている。社会福祉事業は、同法2条に列挙されている第1種社会福祉事業と第2種社会福祉事業に分かれる。社会福祉法人は、公益性、非営利性を目的としており、その設立には主務官庁の許可・認可が必要である。措置から契約への流れを受けて、社会福祉法人の経営状態、与えるサービスの内容等につき第三者評価制度や苦情解決制度などが導入され、より質の高いサービス提供が求められるようになってきている。

　福祉サービスの提供主体は、特定非営利活動法人（NPO法人）などの参入により多様化してきている。NPO法人は、阪神・淡路大震災でのボランティア団体や市民団体による重要な活動を評価して、所轄庁である知事の認証を得ることを条件として比較的容易に設立を認めようとするものである。NPO法人には情報公開が義務づけられており、毎年1回、事業報告書、役員名簿及び定款等を所轄庁に提出することとなっている。2009（平成21）年9月30日現在の活動分野別法人数をみると、「保健、医療又は福祉の増進を図る活動」の分野が22,183と最も多い。

　福祉サービスの経営管理には特殊な手法があり、一般企業のそれとは違うと誤解されてきた面があるが、経営管理の手法にはそれほどの違いはないといえる。福祉サービスにおける経営資源は「ヒト（人的資源）、モノ（物的資源）、カネ（財源）、トキ（時間）、シラセ（情報資源）」といわれ、これは一般企業などで語られる経営管理における資源と同様のものである。これらの資源を効果的に活用し、提供する福祉サービスの量と質を確保することが社会福祉の経営管理である。

　「福祉は人なり」といわれるように、福祉サービスにおける人的資源の重要性は誰もが認めるところである。福祉サービス提供組織における人材の養成・確保については、「社会福祉事業に従事する者の確保を図るための措置に関する基本的な指針」（平成19年度厚生労働省告示第289号）に示されている。そこでは、福祉分野の人材確保のために、経営者・国・地方公共団体に対して、①労働環境の整備、②キャリアアップの仕組みの構築、③福祉・介護サービスの周知・理解、④潜在的有資格者等の参入の促進、⑤多様な人材の参入・参画の促進の5つの方策を採るように指導がなされている。

　　　　　　　　　　　　　　　　　　　長　千春（西九州大学健康福祉学部助教）

第6章　介護保険

ポイント

* 介護サービスは、負担と給付の対応関係が明確であり、負担に対する国民の理解を得やすい社会保険方式で実施されることになった。
* 介護保険の保険者は市町村、被保険者は、65歳以上の者（第1号被保険者）と40歳以上65歳未満の医療保険加入者（第2号被保険者）である。
* 介護保険給付を申請すると、要介護認定を受けた後、ケアマネジメントを経て、介護給付、予防給付、市町村特別給付が支給される。
* 介護保険の課題は、介護保険財源をどうするか、サービスの質の保障、実効性ある介護予防措置、介護職員の確保を含む基盤整備などである。

1　介護保険制度の意義と最近の動向

1　介護保険制度の背景

わが国では、2000（平成12）年に約200万人（全人口の6人に1人）であった要介護高齢者が、2025（平成37）年には520万人（全人口の3.3人に1人）に増大すると推計されている。また、認知症高齢者も増加していることに加えて、介護期間も長期化しており、現在の介護問題は、かつて自宅で家族が担ってきた介護とは質的にも量的にも大きく異なる様相を呈している。いまや高齢者の介護は家族にとって肉体的・精神的な重圧となり、その結果、家族関係の崩壊や介護者の離職などさまざまな悲劇の原因ともなっている。

これまで高齢者の介護サービスは、1963（昭和38）年に制定された老人福祉法に基づく措置制度として実施されており、行政が当事者のニーズおよび所得

などを踏まえて、サービス内容を決定していた。また、医療においては、介護を理由とする長期入院（いわゆる「社会的入院」）が老人医療費を押し上げる大きな要因の1つとされており、医療と介護の明確な分離が緊急の課題となっていた。

　いまや高齢者介護は、介護する側になるにせよ、介護される側になるにせよ、国民の誰もがかなり高い確率で遭遇する社会的事故であり、この問題の解決を私的扶養の範囲内に放置しておくことはもはや許されない状況になってきている。かつて医療がそうであったように、高齢者介護が普遍的な社会的事故と認識されるようになった時、これを社会的ケアで支えなくてはならないという主張が起こってくる。介護保険法はこうした「介護の社会化」という主張を背景として登場してくることになる。

2　介護保険制度の成立

　介護保険構想は、1994（平成6）年に厚生省（当時）に高齢者介護対策本部が設置されたことに始まる。その後、1994（平成6）年9月に社会保障将来像委員会第2次報告書、同年12月の高齢者介護・自立支援システム研究会「新たな高齢者介護システムの構築を目指して」、1996（平成8）年4月の老人保健福祉審議会報告書「高齢者介護保険制度の創設について」が出され、いずれも社会保険方式による新しい介護システムの必要性が提言されていた。

　こうした提言を受けて、介護保険法は、1997（平成9）年に制定され、2000（平成12）年4月から施行された。これまで福祉と医療の分野に分断されていた高齢者へのサービスを改めて、利用者の選択により保健・医療・福祉にわたる広範な介護サービスが総合的に利用できるように再編成された。また、従来の措置制度を廃止し、契約制度へ移行することも盛り込まれている。新たな高齢者介護システムの構築にあたっては、従来の公費負担方式を拡充すべきとの意見もあったが、結局は社会保険方式が採用された。その理由は、給付と負担の関係が明確で、権利性が高く、かつ負担に関する国民の理解が得やすいという点であった。1994（平成6）年9月に出された社会保障審議会・社会保障将来

像委員会の「第2次報告書」は社会保険方式を採用した理由を以下のように述べている。

「長寿社会にあっては、すべての人が、期間はともかく相当程度の確率で介護の必要な状態になり得ることから、保険のシステムに馴染むと考えられる。保険制度であるから、保険料を負担する見返りとして、受給は権利であるという意識を持たせることができる。また負担とサービスの対応関係が比較的わかりやすいことから、ニーズの増大に対し、量的拡大、質的向上を図ってことに国民の同意が得られやすい」。

こうしてわが国で第5番目の社会保険制度として介護保険制度が創設されることとなったのである。

3 最近の動向

2000（平成12）年4月には149万人であった介護保険のサービス利用者数は、2005（平成17）年4月には329万人となり、在宅サービスを中心にその利用は急速に拡大してきた。利用者数の増加により、介護保険の総費用も増大し、財政状況は急速に悪化していった。介護保険法は附則第2条で、法施行後5年を目途に制度全般に関して検討を加え、見直しを図ると規定されていたので、これに従い、社会保障審議会介護保険部会で検討が続けられ、その報告書「介護保険制度の見直しに関する意見」（2004（平成16）年7月）を受けて、2005（平成17）年6月に改正介護保険法が成立した。改正法の目的は、「制度の持続可能性」を第1目標として、①新予防給付、地域支援事業の創設など予防重視型システムへの転換、②在宅と施設の給付と負担の公平性を保つための施設給付の見直し、③地域密着型サービスの創設など新たなサービス体系の確立、④サービスの質の向上、⑤負担のあり方・制度運営の見直しなど介護保険法全般にわたる大規模な改正となった。

2　介護保険制度のしくみ

1　目的

　介護保険法は、「加齢に伴って生じる心身の変化に起因する疾病等により要介護状態になり、…これらの者がその有する能力に応じ自立した日常生活を営むことができるよう、必要な保健医療サービス及び福祉サービスに係る給付を行うため、国民の共同連帯の理念に基づき…国民の保健医療の向上及び福祉の増進を図ることを目的」としている（同1条）。

2　保険者・被保険者

　介護保険の保険者は、住民に最も身近な自治体である市町村および特別区である（3条1項）。市町村は、保険の運営主体として特別会計を設けて、介護保険の収入および支出を管理しなければならない。被保険者の資格認定など保険給付の決定・支給業務や、保険料の設定・徴収も市町村の役割である。また市町村は、厚生労働大臣が定める基本指針に即して、3年ごとに市町村介護保険事業計画を定めなければならない（117条）。なお保険事業の安定のために、複数の市町村が共同で保険運営をする一部事務組合や広域連合の方式をとることができ、実際にそれらが保険者となっている例もある。

　介護保険の被保険者は、65歳以上の第1号被保険者と、40歳以上65歳未満の医療保険の加入者である第2号被保険者との2つに区分されている（9条）。第1号被保険者の場合は、要介護原因のいかんを問わず保険給付が受けられるが、第2号被保険者の場合は、初老期認知症など加齢が原因とされる特定疾病（施行令2条）による要介護状態だけが給付対象となる。いずれも市町村の区域内に住所を有することが要件である。国籍は要件となっていないため、外国人も日本に住所を有する場合、被保険者となる。生活保護受給者は、65歳以上であれば第1号被保険者になるが、40歳以上65歳未満は医療保険に加入していないので、第2号被保険者になることができない。したがって、介護が必要にな

図表6-1　被保険者

	第1号被保険者	第2号被保険者
対象者	65歳以上の者	40歳以上65歳未満の医療保険加入者
受給権者	・要介護（寝たきり・認知症） ・要支援者（虚弱）	左のうち、初老期における認知症、脳血管障害等の老化に起因する疾病によるもの
保険料負担	市町村が徴収	医療保険者が医療保険料として徴収し、納付金として一括して納付
賦課・徴収方法	・所得段階別定額保険料（低所得者の負担軽減） ・老齢退職年金給付（※）年額18万円以上の方は特別徴収（年金から天引き） それ以外の方は普通徴収	・健保：標準報酬及び標準賞与×介護保険料率 　　　　（事業主負担あり） ・国保：所得割、均等割等に按分 　　　　（国庫負担あり）

※平成18年4月から障害年金・遺族年金も対象。
出典：『平成20年版　厚生労働白書』225頁

ると、介護保険ではなく生活保護から介護扶助を受けることとなる。第1号被保険者と第2号被保険者とでは、給付を受ける要件、保険料の算定方法や納付方法に違いがある（図表6-1）。

　介護保険施設に入所するために住所を施設所在地の市町村に変更した者は、引き続き住所変更前の市町村が行う介護保険の被保険者とされる（13条1項）。これを住所地特例といい、介護保険施設のある市町村に高齢者が集中することで、その市町村の介護保険費用が増加することを防止するための措置である。

3　財源、保険料、一部負担金

　介護保険法は、介護給付および予防給付に要する費用について、公費と保険料の割合を各50％ずつとし、公費部分の負担割合は、施設等給付費については、国が20％、都道府県が17.5％、市町村が12.5％、居宅給付費については、国25％、都道府県12.5％、市町村が12.5％としている。

　第1号被保険者の保険料は、市町村ごとに算定された基準額に、所得段階別の保険料率をかけたものである。基準額は、市町村のサービス水準に応じて3

図表6-2　保険料

段階	対象者	保険料	(参考)対象者見込数
第1段階	・生活保護受給者 ・市町村民税世帯非課税かつ老齢福祉年金受給者	基準額×0.5	2.6%
第2段階	市町村民税世帯非課税で年金収入と合計所得金額の合計が80万円以下の方等	基準額×0.5	18.0%
第3段階	市町村民税世帯非課税で第2段階に該当しない方等	基準額×0.75	9.0%
第4段階	市町村民税本人非課税	基準額×1	30.5%
第5段階	市町村民税本人課税 (被保険者本人の合計所得金額が200万円未満)	基準額×1.25	28.6%
第6段階	市町村民税本人課税 (被保険者本人の合計所得金額が200万円以上)	基準額×1.5	11.3%

※市町村が条例により課税層についての区分数を弾力的に設定できる。
　なお、保険料率はどの段階においても市町村が設定できる。
出典：『平成20年版 厚生労働白書』225頁

年ごとに条例で定められる。所得段階は、基本的に第1段階から第6段階までの基準が設定されているが、市町村の実情に応じてより細かく設定することも可能となっている。保険料の徴収方法としては、市町村が個別に徴収する普通徴収と、年金受給額が年額18万円以上の者に対して、年金から控除する特別徴収（いわゆる天引き）とがある（図表6-2）。第2号被保険者の保険料は、医療保険の保険料と同様の方法で算定される。

利用者負担は、原則として1割の定率負担とされており、施設サービスにおいてはこれに食費と居住費が加わる。しかし、災害その他厚生労働省令で定める特別の事情があり、負担が困難と認められた場合は、市町村はその一部負担を1割未満ないしゼロにすることができる（142条）。なお、利用者負担が著しく高額であるときは、負担の軽減を図るため、高額介護サービス費または高額介護予防サービス費が支給されることになっている（51条）。また、低所得者については、食費および居住費の標準負担額が低く設定されている。

図表6-3　保険給付の内容

	予防給付におけるサービス	介護給付におけるサービス
都道府県が指定・監督を行うサービス	◎介護予防サービス 　介護予防訪問介護 　介護予防訪問入浴介護 　介護予防訪問看護 　介護予防居宅療養管理指導 　介護予防通所介護 　介護予防通所リハビリテーション 　介護予防短期入所生活介護 　介護予防短期入所療養介護 　介護予防特定施設入居者生活介護 　介護予防福祉用具貸与 　特定介護予防福祉用具販売	◎居宅サービス 　訪問介護 　訪問入浴介護 　訪問リハビリテーション 　居宅療養管理指導 　通所介護 　通所リハビリテーション 　短期入所生活介護 　短期入所療養介護 　特定施設入居者生活介護 　福祉用具貸与 　特定福祉用具販売 ◎居宅介護支援 ◎施設サービス 　介護老人福祉施設 　介護老人保健施設 　介護療養型医療施設
市町村が指定・監督を行うサービス	◎介護予防支援 ◎地域密着型介護予防サービス 　介護予防小規模多機能型居宅介護 　介護予防認知症対応型通所介護 　介護予防認知症対応型共同生活介護	◎地域密着型サービス 　小規模多機能型居宅介護 　夜間対応型訪問介護 　認知症対応型通所介護 　認知症対応型共同生活介護 　地域密着型特定施設入居者生活介護 　地域密着型介護老人福祉施設入所者生活介護
その他	◎住宅改修	◎住宅改修

出典：『平成20年版　厚生労働白書』227頁

3　介護保険給付の種類とサービス内容

　介護保険の保険給付には、①被保険者が要介護状態にある時に支給する介護給付、②被保険者が要介護状態となるおそれがある時に支給する予防給付、③市町村特別給付の3つがある（図表6-3、図表6-4）。

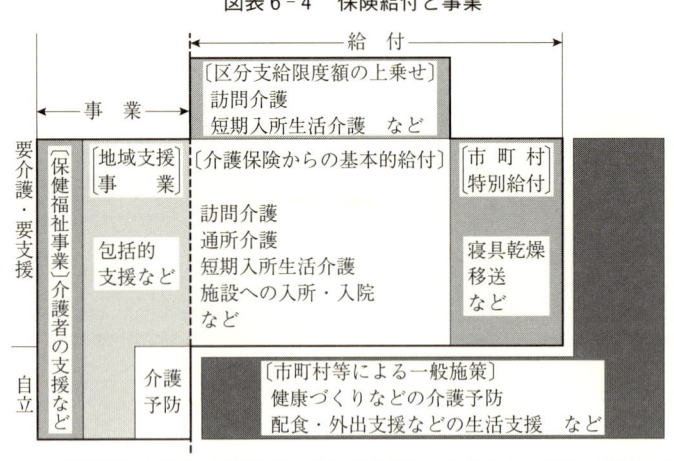

図表6-4　保険給付と事業

	事　業	給　付	
要介護・要支援	〔保健福祉事業〕介護者の支援など	〔地域支援事業〕包括的支援など	〔区分支給限度額の上乗せ〕訪問介護　短期入所生活介護　など
		〔介護保険からの基本的給付〕訪問介護　通所介護　短期入所生活介護　施設への入所・入院　など	〔市町村特別給付〕寝具乾燥移送　など
自立		介護予防	〔市町村等による一般施策〕健康づくりなどの介護予防　配食・外出支援などの生活支援　など

―――介護保険　□第1号保険料と第2号保険料と公費による給付　▨第1号保険料と公費による給付　▩第1号保険料による給付　■一般財源による施策

出典：椋野美智子・田中耕太郎『はじめての社会保障』(有斐閣、2008年) 126頁

1　介護給付

　介護給付は、居宅（在宅）サービス、施設サービス、地域密着型サービスに大きく区分することができる（18条）。介護保険では、それぞれの介護サービスにかかる費用を支給するとなっており（介護サービス費の支給）、法律の建前からいえば金銭給付の仕組みをとっている（41条等）。つまり、利用者はサービスを利用して支払った額の原則9割を保険から償還される仕組みである。しかし、ほとんどの場合、利用者の同意により事業所が代理受領する仕組みを利用して、市町村から事業者に直接費用が支払われているため、実質的には現物給付方式と同じような形になっている。

　居宅サービス　　居宅サービスには、①訪問介護、②訪問入浴介護、③訪問看護、④訪問リハビリテーション、⑤居宅療養管理指導、⑥通所介護、⑦通所リハビリテーション、⑧短期入所生活介護、⑨短期入所療養介護、⑩特定施設入居者生活介護、⑪福祉用具貸与、⑫特定福祉用具販売がある（41条）。居宅サービスについては、要介護度に応じて保険給付の上

図表6-5　在宅サービスの支給限度額

要介護度	支給限度額
要支援1	4,970単位／月
要支援2	10,400単位／月
要介護1	16,580単位／月
要介護2	19,480単位／月
要介護3	26,750単位／月
要介護4	30,600単位／月
要介護5	35,830単位／月

＊1単位：10〜10.72円（地域やサービスにより異なる）
出典：『平成20年版 厚生労働白書』226頁

限額（支給限度額）が設定されている（図表6-5）。利用者は、支給限度額の範囲内で、異なる介護サービスを選択し、組み合わせて利用できる。サービスの利用には限度があり、その限度額の9割のみが支給され、限度額を超えた分は全額利用者の負担となる。

施設サービス　施設サービスには、①指定介護老人福祉施設により行われるサービス、②介護老人保健施設により行われるサービス、③指定介護療養型医療施設により行われるサービスがある（48条）。施設サービス利用にあたっては、居宅サービス同様、費用の1割を負担することになるが、それに居住費と食費の負担が加わる。居住費と食費の自己負担は、2005（平成17）年の法改正によって、居宅と施設との利用者負担の公平性を図る目的で導入され、2005（平成17）年10月から実施された。低所得者に対しては、補足的な保険給付が追加されており、施設入所が困難とならないような配慮がなされている。介護療養型医療施設の療養病床（医療保険適用と介護保険適用）については、医療の必要度の高い患者のみに限定して医療保険で対応し、それ以外の患者については、病院ではなく、居宅介護サービスや老人保健施設・ケアハウスなどで対応していくこととなった。このため、介護保険適用の療養病床は2012（平成24）年3月までに再編され、廃止されることが決まって

いる。

地域密着型サービス 地域密着型サービスには、①夜間対応型訪問介護、②認知症対応型通所介護、③小規模多機能型居宅介護、④認知症対応型共同生活介護（グループホーム）、⑤地域密着型特定施設入居者生活介護、⑥地域密着型老人福祉施設入所者生活介護がある（42条の3）。地域密着型サービスは、市町村の判断で設置できるため、地域の実情に応じた弾力的な基準・報酬などの設定が可能であるが、原則として当該市町村の被保険者のみが利用できることになっている。このサービスは、2005（平成17）年の法改正により新しく創設された給付類型であり、住み慣れた地域での生活を支えることを目的としている。

2　予防給付

予防給付は、2005（平成17）年の法改正により、状態の維持・改善の可能性が高い軽度者（要支援Ⅰ、要支援Ⅱ）を対象に、既存のサービス内容や提供方法を生活機能の維持・向上の観点から見直し、新たに位置づけられた給付である（52条）。予防給付からは施設サービスが除かれているが、それ以外は介護給付にほぼ対応している（居宅サービスと地域密着型サービス）。ただし、地域密着型サービスのうち、夜間対応型訪問介護、小規模多機能型居宅介護、地域密着型老人福祉施設入所者生活介護は含まれない。予防給付は、筋力を使わないことによって衰えるという「廃用症候群」を予防するために、軽度者を対象に筋力トレーニングその他を実施するものである。これによって、例えば介護予防通所介護（デイサービス）では、送迎・入浴・食事等の共通のサービスに加えて、選択的に、①運動器の機能向上（筋力トレーニング）、②栄養改善、③口腔機能の向上（口腔ケア）が付加されることになった。

3　地域支援事業

地域支援事業は、保険給付ではないが2005（平成17）年の法改正によって予防重視型システムの一環として介護保険制度のなかに位置づけられたものであ

図表6-6　地域包括支援センターのイメージ

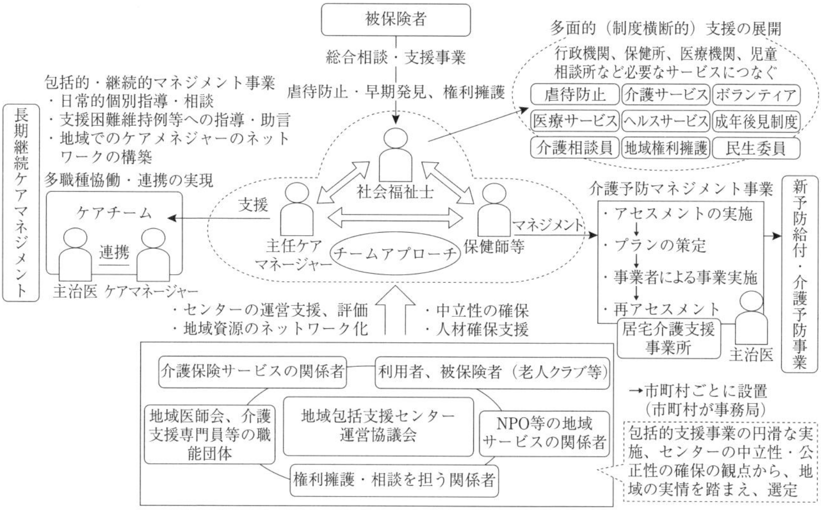

```
                    ┌──────────┐
                    │ 被保険者 │
                    └──────────┘
                  総合相談・支援事業           多面的（制度横断的）支援の展開
                                              行政機関、保健所、医療機関、児童
            虐待防止、早期発見、権利擁護      相談所など必要なサービスにつなぐ
                                              ┌虐待防止┐┌介護サービス┐┌ボランティア┐
包括的・継続的マネジメント事業                ┌医療サービス┐┌ヘルスサービス┐┌成年後見制度┐
・日常的個別指導・相談                        ┌介護相談員┐┌地域権利擁護┐┌民生委員┐
・支援困難維持例等への指導・助言
・地域でのケアマネジャーのネット              介護予防マネジメント事業      新予
  ワークの構築                                ・アセスメントの実施          防給
多職種協働・連携の実現      社会福祉士        ・プランの策定                付・
                          支援      マネジメント・事業者による事業実施    介護
ケアチーム                                    ・再アセスメント              予
       連携        主任ケア  チームアプローチ  保健師等  居宅介護支援      防
                  マネジャー                           事業所  主治医    事業
 主治医 ケアマネジャー
              ・センターの運営支援、評価  ・中立性の確保
              ・地域資源のネットワーク化  ・人材確保支援
                                                              →市町村ごとに設置
      ┌介護保険サービスの関係者┐  ┌利用者、被保険者（老人クラブ等）┐  （市町村が事務局）
      ┌地域医師会、介護┐┌地域包括支援センター┐┌NPO等の地域┐   包括的支援事業の円滑な実
      │支援専門員等の職││運営協議会          ││サービスの関係者│  施、センターの中立性・公
      │能団体          │└────────────────────┘└────────────┘   正性の確保の観点から、地
      └────────────────┘┌権利擁護・相談を担う関係者┐             域の実情を踏まえ、選定
```

出典：厚生統計協会『2008年 保険と年金の動向』127頁

る。現在は介護保険の対象とはなっていないが、このままではそのおそれのある高齢者を対象にして、市町村が実施主体となり、効果的な介護予防事業（例えば、転倒予防、栄養改善、閉じこもり防止など）を、介護費の3％の範囲内の費用を使って実施することになっている（115条の38）。

地域包括支援センター　地域支援事業の創設と同時に、予防・支援事業を地域において一体的に実施する中核拠点として、地域包括支援センターが創設された。主な役割として、予防給付や地域支援事業における介護予防ケアマネジメントに加え、総合相談・支援、権利擁護、包括的・継続的ケアマネジメントなど広範囲に及んでいる。この機関は、市町村が責任主体であり、保健師、社会福祉士、主任ケアマネジャーの3者から構成され、人口2万から3万人単位の中学校区規模で1ヶ所設置されることになっている。市町村直営のほか、社会福祉法人や医療法人、NPO法人などに運営を委託することができる（図表6-6）。

4　市町村特別給付

　市町村は、要介護被保険者などに対し、当該市町村独自のニーズに応じて、条例に定めるところにより、市町村特別給付を行うことができる（62条）。第1号被保険者の保険料を財源として、介護保険法に定められていないが市町村の判断で、移送サービス、配食サービス、寝具の洗濯・乾燥などの独自の給付が可能である（いわゆる横出しサービス）。

4　介護保険制度の利用手続き

1　要介護認定

　被保険者が介護保険給付を受けるためには、まず市町村に要介護認定の申請をしなければならない。要介護認定では、被保険者の要介護状態の存否と程度に応じて、要介護状態に5つの区分、要支援状態に2つの区分を設定しており、それぞれ市町村が認定することになっている。市町村の要介護認定は、介護認定審査会の判定にしたがって行われる（図表6-7）。

　介護認定審査会は市町村が設置し、その委員（5名程度）は保健・医療・福祉の学識経験者（医師、看護師、保健師、社会福祉士、介護福祉士、ホームヘルパー、社会福祉の研究者など）で構成される。市町村の単独設置が原則であるが、複数の市町村での共同設置も可能となっている。

　要介護認定の申請を受けた市町村は、被保険者の心身の状況について訪問調査を行う（アセスメント）。訪問調査は、全国一律の基準にそって行われ、初回認定時は原則市町村職員が、更新や変更時は市町村職員や市町村から委託を受けた介護支援専門員が担当する。この調査結果（コンピュータ処理による1次判定）とかかりつけ医の意見書などに基づき、介護認定審査会が要介護度の判定を行う（2次判定）。

2　ケアプラン

　要介護認定を受けた被保険者は、要介護状態区分に応じて介護保険給付の限

図表6-7　介護サービスの利用手続き

```
利用者
  ↓
市町村の窓口
  ↓
認定調査 ／ 医師の意見書
  ↓
要介護認定
医師、看護職員、福祉関係者などによる
  ↓
非該当 ／ 要支援1　要支援2 ／ 要介護1～要介護5
```

- 非該当 → ○市町村の実情に応じたサービス（介護保険外の事業）
- 要支援1・要支援2 → 介護予防ケアプラン
  - ○介護予防事業（地域支援事業）
  - ○介護予防サービス
  - ○地域密着型介護予防サービス
- 要介護1～要介護5 → 介護サービスの利用計画（ケアプラン）
  - ○施設サービス
  - ○在宅サービス
  - ○地域密着型サービス

出典：厚生労働省「介護保険制度改革の概要」27頁

度額が定められているので、その限度額内でニーズを充足させるようにサービスを選択することになる。ただし、利用額に上限があるため、上限の範囲内で効果的にサービスが受けられるように、介護保険ではケアマネジメントの手法を採り入れ、介護サービス計画（ケアプラン）を作成し、それに基づいて保険給付を受けることができるようになっている。

居宅サービスでは、被保険者は自ら居宅介護サービス計画を作成することもできるが、専門家である指定居宅介護支援事業者に作成を依頼することができる。ケアプランは、介護支援専門員（ケアマネジャー）が被保険者を訪問して本人や家族の状況や希望を把握し、これらを踏まえて複数の保健・医療・福祉の専門家との協議を経て作成される。施設サービスでは、介護保険施設のなかに

介護支援専門員が配置されている。予防給付については、介護予防事業との一貫性・連続性を保つため、原則として地域包括支援センターが作成することとなっている。ただし、一定の条件のもとで、指定居宅介護支援事業者へ委託することができる。ケアプランの作成費用は、その他の介護給付とは異なり、被保険者の一部負担はなく、全額介護保険から給付される（46条）。

5 サービスの質の保障

　被保険者は、サービスの選択にあたって、受けようとする介護サービスの内容およびその質についての情報を持っておく必要がある。2005（平成17）年の法改正により、介護サービス事業者の情報提供が義務化され、事業者は介護サービスの内容および施設の運営状況について都道府県知事に報告しなければならず、知事はその報告が事実かどうかを調査し、結果を公表しなければならないこととなった（115条の29）。事業者間での適切な競争の下で要介護者等が円滑に良質の介護サービスを利用できるようにとられた措置である。

　介護保険は、在宅サービスにおいて多様な事業主体の参入を認めており、そのことでサービスの選択の幅が広がるとともに供給量が飛躍的に増大した。しかし一方で、不適切なサービス提供や介護報酬の不正請求などにより指定取消を受ける事業者も増加してきている。利用者に不利益が及ばないようにするため、改正法では事業者規制を強化し、指定の取り消しから5年を経過しない者は指定が受けられないこととされ、6年ごとの更新制も導入された。

　ケアマネジメントは、介護保険の中核を担う重要なシステムである。ケアマネジャーはその中心的役割を担っており、利用者へのサービスの質を保障するうえでケアマネジャーの資質・専門性の向上は欠かせない。法改正により、介護支援専門員（ケアマネジャー）資格は5年ごとの更新制とされ、更新時には研修を受けることが義務づけられた。

6　介護手当

　家族介護に対する現金給付（介護手当）は、わが国の介護保険法では制度化されていない。ドイツの介護保険制度には、在宅サービスと並んで介護手当が設けられており、わが国の制度検討過程においても、介護手当導入の可否に関する議論が老人保健福祉審議会で重ねられた。審議会では、消極的な意見（①家族介護が固定化される、②必ずしも適切な介護に結びつくものではない、③在宅サービスの拡大を阻害する、④財政的な困難など）と積極的な意見（①外部サービスを利用している人との公平性、②介護労働に対する社会的評価、③介護者に対する慰労、④高齢者の自己決定権の尊重など）の両方の意見が出されたが、結果的には家族介護に対する現金支給は見送られた。

　法改正の時も再び「家族支援と現金給付」が取り上げられたが、介護費用の増大などを理由に、現金給付に対しては消極的な意見が強くなってきているようである。家族介護者が抱えている心理的な負担や孤立感は、金銭の支給のみで解決できるものではないが、要介護高齢者のなかに可能であれば家族からの介護を望む者がいたり、家族の中に高齢者の介護をしたいと望む者がいる限り、介護手当は在宅介護を社会的に評価する手段となり得る。介護手当の導入もやはり検討されるべきであろう。

7　介護保険の課題

介護保険財源の確保　介護保険制度を今後も安定した形で運営していくためには、給付の適正化とともに、給付に必要となる財源の確保が大きな課題となる。財源を確保するには負担増と介護給付費の抑制は避けられないところであろう。すでに2005（平成17）年の法改正により、介護保険施設における居住費・食費を利用者負担とすることや、将来的な給付費の削減を見込んだ、予防重視型システムへの転換が行われている。

さらなる財源確保の方法としては、介護保険料の増額が挙げられるが、介護保険料の負担については限界もある。介護保険料は、制度制定時には全国平均で第1号被保険者1人あたり月額2,911円であったが、現在4,090円である。第1号被保険者には住民税非課税世帯が多く含まれており、経済的な余力がない者も多い。また、他に利用者負担（一部負担金）もあることを考えると高齢者にはかなりの負担となる。もちろん、低所得者に対しては適切な減免措置が必要となることはいうまでもない。第1号被保険者の増加にともなう保険給付費の増大を、第2号被保険者の保険料増額によって補うことも考えられるが、給付と負担の公平という観点から問題となろう。保険料の負担、国庫負担のあり方、消費税のアップ、福祉目的税なども含めて、介護保険の適切な保険料と一部負担をどの程度にするかはこれからも検討されるべき重要な課題である。

<u>新予防給付</u>　法改正で新しく創設された予防給付と地域支援事業は、とりわけ注目を浴びることになった。これまで、介護保険受給者の半数以上を占めている軽度者（従来の要支援・要介護Ⅰ）の多くが時間の経過とともに介護度が悪化しており、それまでのサービスでは利用者の心身機能の回復、活動の改善、要介護度悪化の防止に結びついていないという指摘を踏まえてのことである。新予防給付は、従来の要支援と要介護Ⅰとを再編成して、要支援Ⅰと要支援Ⅱとに分け、筋力トレーニングや栄養指導、フットケアなどを導入して、受給者の積極的な協力のもとに、要介護状態の悪化を防止しようとするものである。要支援・要介護予備軍を対象とする地域支援事業は、保健師が中心となって、介護認定審査会で認定されなかった人や地域の保健活動などで予防効果のありそうな人を選び出し、本人の同意を得て実施されることになっている。

これまで、医療の領域でも介護の領域でも、1982（昭和57）年制定の老人保健法を除いては、社会保険法がこうした予防・健康維持を目的として積極的に個人に介入していったケースはほとんどなかったといってよい。予防や健康管理の大部分は、これまで公費（租税）をもって運営される公衆衛生の分野と考えられてきた。だからこそ、社会保障制度審議会介護保険部会「介護保険制度

の見直しに関する意見」(2004(平成16)年7月30日)でも、「総合的な介護予防のシステムは……社会保険制度として実施すべき内容のものであるかどうかの吟味を行う必要がある。」(33頁)との意見が出されているのである。また、こうした予防給付は受給者の参加や協力のもとに実施されるのであるから、そこでは受給者の意思（自己決定権）との摩擦が起こることがあるかもしれない。もし、受給者が予防に協力しなかった場合、介護保険サービスは受けられなくなるのであろうか。受給者の予防への協力と自己決定権の尊重とをどのように調整していくのかはこれからの重要な研究課題となろう。

介護サービスの基盤整備　介護保険導入の政策目的の1つは、介護サービスの市場化にあった。新たな事業者の新規参入により都市部ではサービスは確かに拡大したが、しかし、過疎地域ではサービス不足は深刻である。介護保険サービスに地域格差が生じることは望ましくない。基盤整備における市町村、都道府県および国の責任は大きい。また、介護保険施設では、現在、慢性的な人手不足が続いて、東南アジアから介護従事者を呼んでくるような事態に陥っている。介護サービス従事者の労働条件があまりにも低いからである。介護労働者の待遇を改善し、専門的知識を持った優秀な人材が介護の現場に集まるように、国は早急に対策をうたなくてはならない。

《参考文献》
佐藤進・河野正輝編『介護保険法』（法律文化社、1997年）
鬼崎信好・増田雅暢・伊奈川秀和編著『世界の介護事情』（中央法規出版、2002年）
増田雅暢『介護保険見直しの争点』（法律文化社、2003年）
伊藤周平『介護保険法と権利保障』（法律文化社、2008年）
増田雅暢編『世界の介護保障』（法律文化社、2008年）

【長　千春】

コラム5　介護休業

　介護休業とは、要介護の状態にある家族を介護するために、労働者が仕事を休むことのできる制度である。1995（平成7）年に育児休業法が「育児休業等育児又は家族介護を行う労働者の福祉に関する法律」と名称変更され、同法の中で介護休業制度が事業主の努力義務として法制化されることになった。さらに、1999（平成11）年改正時に、介護休業制度が義務化された。これにより対象家族が要介護状態にある労働者は、3ヶ月を限度に介護休業を取得することができることとなった。

　介護休業制度の実施状況に関する調査結果をみると、2008（平成20）年において、常用労働者に占める介護休業取得者の割合は、女性0.11％、男性0.03％と極端に低くなっており、利用がほとんど進んでいない状況が見られる。主たる介護の担い手は女性であることや、多くの労働者は介護休業を取得せずに、年休、欠勤、遅刻、早退等で家族介護に対応していることが明らかとなっている。介護休業制度の利用を促進するためには、休業期間・取得回数の柔軟化、休業中の経済保障の充実といった家族介護の実態に即した制度の構築と、休業しやすい職場環境づくりが重要である。

　休業中の所得保障については、労働者の介護休業期間中、使用者の賃金支払いは義務づけられていない。しかしながら、介護休業の取得は、労働者の完全な個人的理由による不就労ではなく、「社会性」を有する理由に基づく不就労である。そこで、わが国では、介護を理由とする不就労期間中は、雇用保険法に基づき、介護休業給付がなされている。介護という「雇用継続が困難となる事由」が保険事故としてとらえられているためである。雇用保険の介護休業給付は、要介護状態にある一定の範囲の家族を介護するために休業した被保険者に対して最長3ヶ月間、休業前の賃金の40％相当分を支給するものである。

　介護休業制度は、仕事と家庭生活との両立支援策として、介護の社会的な意味を確認し、それを法的権利として保障したものであるといえよう。法改正を経て、育児・介護休業法は次第に改善されてきたが、家族介護を支援する制度として、その内容はいまだ十分とはいいがたく、今後も対象者、期間、所得保障の面で充実させていくことが必要である。自宅で介護を望む高齢者がいるときは、その自己決定権を保障するものとして、介護休業制度の果たす役割はますます重要になっていくものと思われる。

長　千春（西九州大学健康福祉学部助教）

第7章　雇用保険、労災保険

ポイント
＊失業は、資本主義経済社会では不可避の現象である。失業者の生活を保障するために雇用保険制度がつくられた。
＊非正規雇用労働者の増加、派遣切りによる大量失業者、失業の長期化など雇用保険に課された課題は多い。育児休業・介護休業給付が設けられた。
＊雇用保険は、失業の認定を受けた者に対して、求職者給付、就職促進給付、雇用継続給付などの給付を行う。

ポイント
＊労働災害は労働関係に直結した危険である。被災労働者とその家族の生活を保障するために労働者災害補償保険法が制定された。
＊労災保険の対象となる業務上災害かどうかは、業務遂行性と業務起因性の2つの基準によって判断される。
＊労災保険給付には、療養補償給付、休業補償給付、障害補償給付などがある。

I　雇用保険

1　失業と社会保障

　資本主義経済社会では、多くの人は、労働者として使用者に雇用され、労働力を提供し、その対価として受け取る賃金によって自分と家族の生活を支えて

いる。したがって、労働者が働く意思と能力を持っているのに、その意に反して就労の機会を奪われると、労働者とその家族の生活はたちまちにして危機に陥ることになる。失業は労働者の個人的責任に帰するものではなく、資本主義経済体制の下では不可避の現象として現れることは、ここ数年の経済不況による大量失業者の出現をみればわかることである。

　失業という事態は、労働法上は解雇という形で現れるから、解雇を制限する一定の法政策をとることも失業防止に役立つ。また、失業してもすぐに新しい雇用につけるようにするいわゆる職業紹介や雇用対策事業も重要であろう。しかし、現在のような不景気のなかではなかなか次の仕事に就けないときもある。そのときは労働者が新しい仕事をみつけるまで、一定の期間、所得の喪失をカバーするための所得保障制度を設ける必要がある。これが社会保障制度の一部門としての雇用保険制度の役割である。しかし、雇用保険法には、失業給付のほかに雇用改善事業、能力開発事業等の雇用維持事業も含まれており、その意味では雇用保険は労働法の分野にも関係する制度だということができる（これらを含めて雇用保障法という領域を想定する考え方もある）。

　日本の失業保険制度は、1947（昭和22）年制定の失業保険法、職業安定法に始まる。その後、1974（昭和49）年に、失業保険法を全面的に改正する形で雇用保険法が制定された。雇用保険制度は、失業給付により失業者の生活の安定を図るというこれまでの政策から、「求職活動と就労促進」へと政策の重点を移すことを目的としていた（労働力流動化政策）。例えば、従来の失業保険法では、被保険者であった期間の長短に応じて失業保険金の給付日数が定められていたが、雇用保険法では、再就職難易度を考慮して、失業者の年齢と心身障害等の有無によって所定給付日数が定められるようになった。また、雇用安定事業等4事業（雇用安定事業、雇用改善事業、能力開発事業、雇用福祉事業。現在は雇用安定事業および能力開発事業の2事業）が新しく雇用保険法に盛り込まれることになった。費用は事業主のみが負担するとはいえ、この4事業の内容は、大部分、事業主への助成・援助であり、社会保険事業とはいえないものであった。しかし、この時点から、雇用保険制度の中で、失業者を労働市場へと再統合し

て行こうとする動きが本格化してきたといってよい。

　さて、わが国の失業等給付の支給期間は、1年以下の短期間に限定されている。これは、社会保障給付としてみた場合、極めて異例のことであるとする意見がある。基本手当を短期間に限定した理由としては、長期にわたって失業給付を支給すると失業者の労働意欲を失わせるということと、長期の失業給付は膨大な財源を必要とするという点があげられる。しかし、失業による生活保障のニーズは失業状態にある限り続いていくのであり、社会保障の原則からいえば、短期間に限定した給付は例外的であり、給付期間が終わった後の生活保障をどうするかが切実な問題として取り上げられなければならない。

2　非正規労働者、育児休業給付・介護休業給付

　最近、雇用情勢の悪化とともに、非正規労働者の解雇が相次ぎ、その対応が、雇用保険制度に求められている。まず、雇用保険のセーフティネット拡大が行われ、1週間の所定労働時間が20時間以上、30時間未満のパートタイム労働者も、1年以上（2009（平成21）年3月31日からは6ヶ月以上に緩和）引き続き雇用される見込みがある場合には、短時間労働被保険者として雇用保険の対象となることになった（30時間以上の労働者は一般被保険者）。現在は、短時間労働被保険者と一般被保険者の区分が廃止され、一般被保険者に一本化されている。また、派遣切りなど最近の状況を受けて、2009（平成21）年改正では、労働契約が更新されなかったために離職した有期契約労働者に対して、「離職前2年間に被保険者期間が通算して12箇月以上あること」（雇保法13条1項）という受給資格要件を緩和して、6ヶ月以上あればよいこととして、給付日数を解雇等による離職並みに充実させる措置が2009（平成21）年3月31日からとられている。

　1994（平成6）年、育児休業中の所得保障としての育児休業給付が、1998（平成10）年には介護休業給付が、雇用保険法の雇用継続給付として創設された。2000（平成12）年4月の改正で、それまで25％の給付率であった育児・介

護給付がいずれも40％に引き上げられた。2007（平成19）年10月1日より、育児休業給付金が暫定的に40％から50％に引き上げられた。この暫定措置は、平成22年3月末までの予定であったが、当分の間延長されることになった。ただし、労働時間が極めて短いパートタイム労働者は、育児休業給付も介護休業給付も受けられないという点で問題が残されている。給付水準の低さから考えて、現在の育児・介護休業給付は所得保障を目的とするものではなく、就業支援とセットになった所得補塡の性格をもった制度とみる向きもある。

3 保険者・被保険者、保険料、受給要件

雇用保険の保険者は政府であり（2条）、このための行政機関として、厚生労働省職業安定局、都道府県に労働局と公共職業安定所（ハローワーク）が設けられている。

労働者を1人でも雇用する事業は、業種・規模を問わず強制的に雇用保険法が適用される（5条1項）。したがって、適用事業所に雇用される労働者は当然に雇用保険の被保険者となる。被保険者には、一般被保険者、高年齢継続被保険者（65歳以後も継続して雇用されている者）、短期雇用特例被保険者（季節的雇用または雇用期間が1年未満）、日雇労働被保険者の4種類がある。4ヶ月以内の期間の季節的雇用従事者は対象から除かれる。

保険料は失業等給付については労使折半、雇用安定など2事業については事業主が全額負担する。失業が増大し、雇用保険財政が急激に悪化する事態に備えて、毎会計年度において、支給した求職者給付総額の4分の3に相当する額が、一般保険料の額を超える場合には、求職者給付の総額の3分の1に相当する額まで国庫が負担することになっている（66条2項）。

失業等給付（中心となるのは基本手当）を受けるためには、まず第1に、失業の認定を受けなくてはならない。失業とは、「被保険者が、離職し、労働の意思及び能力を有するにもかかわらず、職業につくことができない状態にあることをいう」（雇用保険法4条3項）。離職とは、事業主との雇用関係が終了するこ

とをいい（4条2項）、解雇、定年、自主退職、契約期間満了などがこれに当たる。労働の意思とは、就職しようとする積極的な意思であり、具体的には、失業認定申告書にどのような求職活動を行ったかを書かせることにより判断している。結婚や出産を機に退職したものは、一応労働の意思を失ったと推定されるが（行政手引51234）、結婚のため遠方に住居を移さなくてはならないとか、離職後に育児の世話をしてくれる人が見つかった場合は、この推定を覆すことができる。労働の能力とは、「労働に従事し、その対価を得て自己の生活に資し得る精神的、肉体的及び環境上の能力」（行政手引51203）をいい、老衰、悪質な伝染病や疾病、重度の身体障害、産前6週間・産後8週間の女子などは、労働の能力なしと推定される。

　第2に、離職前2年間に被保険者期間が通算して12ヶ月以上なくてはならない（13条）。ただし、倒産あるいは自己の重大な責めに帰すべき事由のない解雇等による離職の場合は、離職の前1年間に被保険者期間が6ヶ月以上あればよいことになっている（特定受給資格者、同2項）。第3に、自ら公共職業安定所に出頭し、求職の申し込みをし、受給資格の決定を受けなければならない（雇保則19条）。第4に、公共職業安定所長が指定した失業認定日（4週間に1回）に出頭して、失業の認定を受けることである（雇保則15条）。受給資格者は、認定期間中に原則として2回以上の求職活動としての実績が必要とされる。

4　失業等給付の内容

　雇用保険制度は、失業等給付と雇用保険2事業とに分かれており、さらに失業者等給付は、求職者給付、就業促進給付、教育訓練給付、雇用継続給付の4つの給付から成り立っている。それぞれの給付の内容は**図表7-1**のとおりである。

　そのうち基本手当は、失業期間中の生活を支える最も重要な給付である。基本手当の所定給付日数は、離職に日における年齢、被保険者期間の長短、離職理由（倒産・解雇等の理由かそれ以外か）、離職困難度（雇用保険法規則32条、身

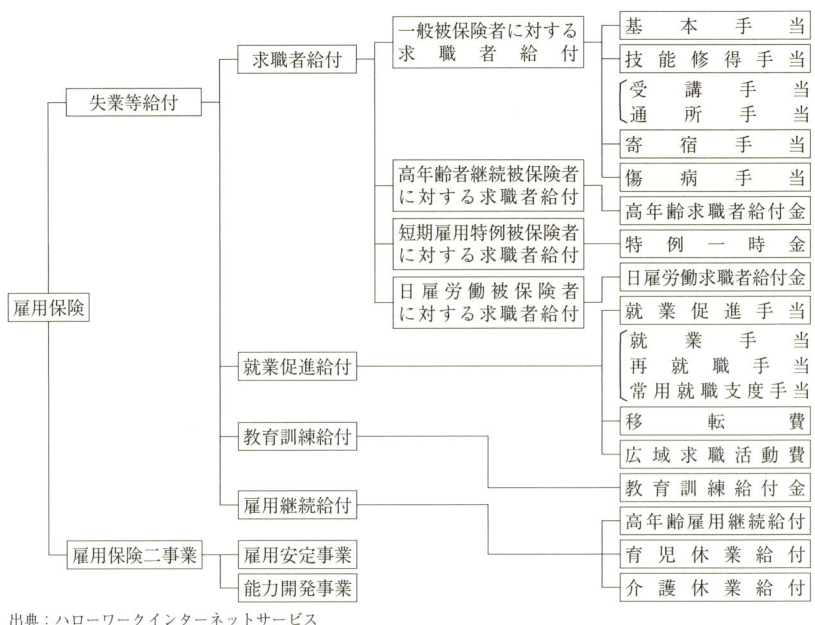

図表 7-1　雇用保険の給付

```
雇用保険 ─┬─ 失業等給付 ─┬─ 求職者給付 ─┬─ 一般被保険者に対する求職者給付 ─┬─ 基本手当
          │              │              │                                  ├─ 技能修得手当
          │              │              │                                  ├─ 受講手当／通所手当
          │              │              │                                  ├─ 寄宿手当
          │              │              │                                  └─ 傷病手当
          │              │              ├─ 高年齢継続被保険者に対する求職者給付 ─ 高年齢求職者給付金
          │              │              ├─ 短期雇用特例被保険者に対する求職者給付 ─ 特例一時金
          │              │              └─ 日雇労働被保険者に対する求職者給付 ─ 日雇労働求職者給付金
          │              ├─ 就業促進給付 ─┬─ 就業促進手当（就業手当／再就職手当／常用就職支度手当）
          │              │                ├─ 移転費
          │              │                └─ 広域求職活動費
          │              ├─ 教育訓練給付 ── 教育訓練給付金
          │              └─ 雇用継続給付 ─┬─ 高年齢雇用継続給付
          │                                ├─ 育児休業給付
          │                                └─ 介護休業給付
          └─ 雇用保険二事業 ─┬─ 雇用安定事業
                              └─ 能力開発事業
```

出典：ハローワークインターネットサービス

体・知的・精神障害者）に応じて、90日から360日まで細かく設定されている（図表 7-2 参照）。基本手当の日額は、受給資格者の賃金日額に応じて、8割から5割（60歳以上65歳未満の場合は8割から4.5割）相当額とされている。低所得者ほど給付率が高くなるようになっている。基本手当日額は、最高額7,685円から最低額1,648円となっている（2009（平成21）年8月）。

基本手当は、公共職業安定所で失業の認定を受けた日から通算して7日間以上たってから支給される（待機期間、21条）。基本手当は、離職の翌日から起算して1年以内に限って受給できる。ただし、妊娠・出産・育児などにより引き続き30日以上職業につくことができない者が申し出た場合は、その期間だけ延長される（20条1項）。

受給資格者が、公共職業安定所の紹介する職業につくこと、または、所長の指示した公共職業訓練等を受けることを拒んだときは、その日から1ヶ月間は

図表7-2 基本手当の所定給付日額

1 一般離職者(2、3以外の者)

区分＼被保険者であった期間	1年未満	1年以上5年未満	5年以上10年未満	10年以上20年未満	20年以上
全年齢	—	90日	90日	120日	150日

2 特定受給資格者

区分＼被保険者であった期間	1年未満	1年以上5年未満	5年以上10年未満	10年以上20年未満	20年以上
30歳未満	90日	90日	120日	180日	—
30歳以上35歳未満	90日	90日	180日	210日	240日
35歳以上45歳未満	90日	90日	180日	240日	270日
45歳以上60歳未満	90日	180日	240日	270日	330日
60歳以上65歳未満	90日	150日	180日	210日	240日

3 就職困難者

区分＼被保険者であった期間	1年未満	1年以上5年未満	5年以上10年未満	10年以上20年未満	20年以上
45歳未満	150日	300日			
45歳以上65歳未満	150日	360日			

出典：ハローワークインターネットサービス

基本手当は支給されない(32条1項)。被保険者が、自己の責めに帰すべき重大な理由によって解雇された場合、または、正当な理由なく自己の都合によって退職した場合には、待機期間の満了後、1ヶ月以上3ヶ月以内の範囲で所長の定める期間、基本手当は支給されない(33条1項)。偽りその他の不正行為によって支給を受け、または受けようとした場合は、その日以後基本手当は支給されない(34条1項)。ただし、やむを得ない事由がある場合には、基本手当の全部又は一部を支給することができる。

5 雇用保険の課題

　日本の失業等給付の支給期間は1年以内の短期となっている。とりわけ、現在のように失業が長期化すると、事態は一層深刻である。長期失業状態が続いて生活困窮に陥った場合は、現状では生活保護受給を申請するほかなく、それが生活保護受給者の増大を招いている。こうした現実をみるとき、個人的理由（人間関係形成の困難、孤立、メンタル障害など）にせよ、社会的理由（再就職が困難な経済状況など）にせよ、実際には雇用を獲得することがかなり難しいのであるから、むしろ、保険事故としての失業というニーズと障害というニーズとを同視して、これに見合った給付をするべきであるという新しい考え方が登場し始めている。また、いくつかの国では、失業給付の終了がそのまま公的扶助受給へと転落していくことを防止するために、失業保険と公的扶助との間に失業扶助という中間的な制度を設け、その受給期間の間に、積極的な就労自立促進プログラムを組み合わせるという政策が打ち出されてきている。注目すべきは、社会保険たる失業給付受給者と労働能力ある公的扶助受給者とを区別せずに、「求職者」という新たな受給資格の下に、一定額の所得保障と就労支援を組み合わせて実施しているドイツの求職者基礎保障制度である。

　世界的な長期失業状態が続くなかで、2009（平成21）年12月現在の統計局労働力調査によれば、全国で失業者が317万人、完全失業率が4.8％にも達している。雇用保険の財政的基盤をどうやって確保していくか、生活保護への転落をどう防止するか、増加する若年失業者をどうやって労働市場に統合していくのか、非正規労働者をどこまで対象に含めていくか、労働行政および雇用保険制度に課された課題はあまりにも大きい。

II 労災保険

1 労働災害の発生と労働者災害補償保険法の制定

　労働災害とは、労働者が、仕事中にあるいは仕事が原因で、負傷、疾病、障害、死亡といった事故にあうことをいう。その意味で、労働災害は労働関係に直結した生活事故ということができる。また、どんなに科学技術が発達したとしても労働災害をこうむるのは社会的に見て避けられない現象だといわれている。労働安全衛生に関する法令が整備された現在、労働災害の数は以前に比べて減少してきたが、しかし、いわゆる過労死などの新しい形の労働災害が現れてきたり、分野によってはその被害の程度や規模が以前よりも広がっているケースもある。厚生労働省が把握しているだけでも、2008（平成20）年に労働災害で死亡または4日以上休業した労働者の数は11万9,291人であり、そのうち1,268人が死亡している。事故の型としては、墜落・転落、転倒、落下、激突、巻き込まれなどが多く、業種別に見ると、製造業、建設業、陸上貨物運送事業の順になっており、規模別では従業員30人未満の事業所での発生が約半数を占めている。また、世界的な経済不況と、しかもそれが長期にわたって続くなかで、日本においても人員削減をはじめとして企業の合理化が進み、その結果、長時間労働やストレスからくる精神障害などの被害や脳・心臓疾患による死亡（過労死）が徐々に増えてきている。2008（平成20）年では、過労死事案の労災補償請求は全国で889件であり、そのうち377件が支給決定、精神障害等事案の請求件数は927件であり、そのうち269件が支給決定となっている。

　労働者が労働災害にあうと、労働者とその家族はたちまち生活困窮に陥る。もちろん、このような場合に、使用者に対して、安全な職場環境を確保しなかったことを理由とする契約上の義務違反（民法415条）や不法行為責任（民法709

条）を理由として民法上の損害賠償請求をすることはできるが、使用者の過失を証明すること（過失責任主義）は容易ではないし、むしろ労働者側にも過失があると判断されてしまうこともある。あるいは、零細企業であれば使用者に支払い能力ないこともあろう。まして、裁判を起こすことは、時間的に見ても費用の面でも労働者にとっては事実上不可能に近い。そこで、被災労働者とその家族の迅速かつ確実な救済を図る目的で、使用者の過失を要件とせずに（無過失責任主義）一定額を補償する制度がつくられるようになった。これが労災補償制度である。

わが国の労災補償制度は、1947（昭和22）年、労働基準法と労働者災害補償保険法の制定に始まる。労働基準法は、第8章に災害補償の規定を設け、例えば、79条では、労働者が業務上死亡した場合は、使用者は遺族に対して平均賃金の千日分の遺族補償を支払わなければならないと規定されている。労働者災害補償保険法（以下「労災保険法」）は、使用者の支払いを確実にするために、政府を保険者としてすべての使用者を強制加入させる責任保険制度として発足した。つまり、両者は制定当初、補償内容と水準の点で一致していたのである。

2　労災保険法の「1人歩き」現象

労災保険法は、その後、改正されるたびに、これまでの使用者の災害補償責任の保険化という制度の性格から離れていき、次第に被災労働者とその家族の生活保障という目的に重点を移していった。これを、労災保険法の「1人歩き」現象という。

1960（昭和35）年改正で、打ち切り補償を廃止して、療養の給付と年金を組み合わせた長期傷病補償給付（現在の傷病補償年金）を創設し、同時に障害補償給付が年金化された。1965（昭和40）年には、遺族補償が年金化され、補償額も家族構成に応じた給付内容に変更された。年金額の物価スライド制、あるいは、従属労働関係にない1人親方（大工、左官など）や中小企業事業主の特別加入制度が導入されたのもこの年である。その後、通勤災害保護制度の創設

(1973（昭和48）年)、保険施設に代えてリハビリテーションの設置などを含む労働福祉事業の実施（1976（昭和51）年)、新しいところでは、介護補償給付の創設（1995（平成7）年)、脳・心臓疾患の発生を予防するための「二次健康診断等給付」の創設（2001（平成13）年）などがあげられる。

　この「1人歩き」現象をどのように理解するかについては学説上の対立が見られる。1つは、労災補償をあくまでも被災労働者に対する使用者の損害塡補としてとらえ、個別使用者責任の拡大によって補償し切れないものを、使用者の責任を集団化することによって補償するものであるとする解釈である（使用者集団責任説)。もう1つは、労災補償はもはや使用者の損害賠償的性格から離れて、被災労働者およびその家族に対する国家による生活保障制度として理解すべきであるとする説である（生活保障説)。後者の考え方は、業務上外を問わず、現在の医療保険の対象となっている事故や、さらに交通事故なども含めて、総合的死亡傷病保障制度へと展開していく可能性も含まれている。これに対して、前者からは、労災発生に対する使用者責任をあいまいにするものであるとか、労災給付の相対的優位性がなくなり、給付水準がかえって低位化するという批判がある。

3　業務上・外の認定

　労災保険給付は、「業務上の事由又は通勤による労働者の負傷、疾病、障害、死亡等」に対して支払われる（労災保険法1条)。どういう場合が「業務上の事由」にあたるのかについては、法令に規定がなく、もっぱら厚生労働省の認定基準や労働基準監督署の判断に委ねられている。実務上は、業務上・外の認定には、業務遂行性と業務起因性の2つの基準が用いられてきた。業務遂行性とは、労働者が労働契約に基づき使用者の支配下にある状態をさす概念であり、業務起因性とは、業務と災害、および、災害と傷病等との間に一定の因果関係があることをいう。原則として、業務遂行性がなければ業務起因性は成立しないが、業務遂行性があっても当然に業務起因性があるとはいえない（例え

ば労働者が故意に業務とは無関係な行為を行って、災害が発生した場合など)。

災害による傷病　業務従事中の事故は、朝の準備行為や夕方の後片付け中の事故も含めて、一般的に業務上災害と認められるが、仕事中に同僚とけんかをして死亡したケースのような場合は、業務起因性がないとして、業務外と判断されている。休憩時間中の事故は原則として業務外とされるが、その事故が施設の欠陥などに起因する場合には業務上災害となることがある。出張中の事故は、特別な事情（合理的経路を逸脱とか恣意的行為など）がない限り、全行程にわたって使用者の支配下にあるとみて業務遂行性が認められる。社内旅行や歓送迎会などの行事でこうむった災害については、行事への参加の強制の度合いなどにより業務命令による拘束性があったかどうかで判断されるが、通常、特別な事情がない限り業務上災害とはならない。天変地異などの自然災害は、業務外とされることが多いが、例外的に、その自然災害をこうむりやすい業務である場合には、業務上災害と認められる場合がある。

職業病　職業病とは、当該作業あるいは作業場の状態が健康に有害であったり、材料や製品の有毒物質が原因となって、そういう業務に長期間従事することにより、次第にその労働者の心身が蝕まれていく病気をさす。こうした長期間にわたって徐々に進行していく疾病については、長い潜伏期間があったりして、いつ、どこで、どの作業によって影響を受けたかを特定することはきわめて難しい。そこで、労働基準法は、特定の業務によって発生しやすい疾病を別表に列挙することにより、反証がない限り、業務起因性を推定することにしている（労規則35条、別表第1の2）。例えば、削岩機・チェーンソーなどの使用による手指の末梢神経障害（白ろう病）、粉じんが飛散する場所における業務によるじん肺症、潜水作業による潜函病などがその例として列挙されている。

過労死、過労自殺　過労死とは、長時間労働や仕事による強度のストレスが原因で、労働者がくも膜下出血、脳梗塞、心筋梗塞など脳・心臓疾患で突然死亡することをいう。こうした疾患は、仕事だけでなく、本人の年齢、生活習慣、体質、遺伝などの個人的要素が関係しているため、仕

事と疾患との因果関係を認定することは困難であった。当初、当時の労働省は、発病当日または前日に「過激な業務」に従事していた場合だけ例外的に業務上災害とするという立場をとっていた。しかし、この基準は長期間にわたる疲労の蓄積を考慮していないという裁判所の指摘を受けて（横浜南労基署長事件・最判平成12年7月17日労判785号6頁）、行政解釈が次々と改正され、現在では、発症前6ヶ月間の長期間の加重業務のほか、発症前1ヶ月間に100時間を超える時間外労働をした場合、発症前2ヶ月から6ヶ月間に月80時間を超える時間外労働があった場合というように、具体的数値をあげたより客観的な基準が設定されている（平成13年12月12日基発1063号）。

　過労自殺については、「労働者が故意に、…死亡…を生じさせたときは…給付を行わない」（労災法12条の2の2第1項）との規定もあり、当初は、自殺が業務上災害と判断されるのはきわめて例外的なことであった。しかし、過重な労働によって精神的に追いつめられて死亡にいたるという点では過労死とたいして変わりはない。そこで、現在では、発症前6ヶ月間に業務によるストレスが原因の精神障害によって自殺にいたった場合は業務上と認めるという基準が示されている（平成11年9月14日基発544）。

通勤災害　通勤途上の災害は使用者の支配下にはないので業務上災害とは認められないというのが従来の判例・行政解釈の考え方であった。しかし通勤と労働とは不可分の関係にある。そこで、1973（昭和48）年に通勤災害保護制度が創設され、通勤途上災害に対して労災補償に準じた給付を与えることになった。保護の対象となる「通勤」とは、「労働者が、就業に関し、…移動を、合理的な経路及び方法により行うことをいい、業務の性質を有するものを除く」（労災法7条2項）。「労働者が、…移動の経路を逸脱し、又は…移動を中断した場合においては、…通勤としない。ただし、当該逸脱又は中断が、日常生活上必要な行為…である場合はこの限りでない」（同3項）。「移動」とは、住居と就業場所との間の往復、就業の場所から他の就業の場所への移動、単身赴任者が家族のいる帰省先住居から職場へ移動する場合あるいは帰省先住居から赴任先住居に移動する場合をいう。「逸脱」と

は、通勤の途中で通勤とは無関係な目的で合理的経路を外れることをいい（帰宅途中で友人宅に私事で立ち寄ったとか）、「中断」とは、通勤経路途中に通勤とは関係ない行為を行うことをいう（帰りにパチンコをしたとか）。ただし、日用品の購入、職業訓練・学校教育を受ける、選挙権等の行使、病院での治療など（労災法施則8条）やむを得ない事由で必要最小限の行為を行った場合は、通勤経路に復帰した以降の経路が通勤として取り扱われる。

4　労災保険給付の内容

　臨時雇いとかパートタイマーとか雇用の形態に関係なく、労働者を1人でも雇用する事業主は労災保険法の加入を義務づけられている（3条）。労災保険の場合、保険料は全額事業主が負担し、過去の労災発生の実績に応じて保険料率が増減するメリット制がとられていることが特徴である。

　労災保険給付としては図表7-3のようなものがある。通勤災害給付は「補償」の文字が入っていないことと、療養給付に200円の労働者自己負担があることを除けば、業務災害給付と同じである。

　このほか、労災保険法の与える給付に「社会復帰等促進事業」（以前の労働福祉事業）がある（2条の2）。労災就学援護費、リハビリテーション施設による社会復帰支援、特別支援金制度などがこれにあたる。

5　労災補償と損害賠償

　労災補償は被災労働者や家族がこうむった損害のすべてをカバーするものではない。精神的損害（慰謝料）などは含まれていない。その場合、被災労働者や遺族は、使用者または第三者に対して、不法行為責任（民法709条）または安全配慮義務違反を理由とする債務不履行責任（民法415条）を追及することができる。近年、過労死や自殺をめぐって使用者の民事責任を追及する事案が増えてきている。最初は不法行為を根拠に民事訴訟を提起する事例が多かったが、

図表7-3　労災保険給付の内容

	業務災害・通勤災害による傷病等			定期健康診断等の異常所見
	負傷・疾病 →			↓
	療養(補償)給付		**休業(補償)給付**	**二次健康診断等給付**
	療養の給付	療養の費用	傷病の療養のため労働することができず、賃金を受けられないとき	事業所が実施する定期健康診断等の結果、脳・心臓疾患に関連する一定の項目(血圧、血糖、血中脂質、肥満)の全てについて異常の所見があると認められるとき
死亡	労災病院や労災指定医療機関等で療養を受けるとき	労災病院や労災指定医療機関等以外で療養を受けるとき		
			傷病(補償)年金	
			療養開始後1年6か月たっても傷病が治ゆ(症状固定)しないで障害の程度が傷病等級に該当するとき	

	死亡		治ゆ	
遺族(補償)給付		**葬祭料(葬祭給付)**	**障害(補償)給付**	
年金	一時金		一時金	年金
労働者が死亡したとき	労働者が死亡し、遺族(補償)年金を受け得る遺族がまったくいないとき等	労働者が死亡したとき	傷病が治ゆ(症状固定)して障害等級第8級から14級までに該当する身体障害が残ったとき	傷病が治ゆ(症状固定)して障害等級第1級から7級までに該当する身体障害が残ったとき

介護(補償)年金

障害(補償)年金又は傷病(補償)年金の一定の障害により、現に介護を受けているとき

出典：厚生労働省労働局のホームページ

使用者の過失を証明することが難しく、最近では、労働契約上の安全配慮義務違反を理由とする事案が定着しつつある。ただし、労災保険から受けた給付と損害賠償額とで重なる部分については調整が行われる。労災保険の年金部分と使用者の損害賠償責任との調整は難しい問題であるが、最高裁は、損害賠償額から控除できる労災保険給付額は、現実に支払われた保険給付に限られており、将来の年金給付はたとえその支給が確定されていたとしても控除の対象に

はならないと判断している（最高裁昭和52年10月25日民集31巻6号836頁）。しかし、使用者が労基法による補償を行った場合、同一の事由については、その価額の限度で、民法による損害賠償の責任を免れる（労基法84条2項）となっており、こうした趣旨から考えると、最高裁のような考え方をとれば使用者が労災保険に加入する意義が薄れてしまうという批判もある。

6 労災保険の課題

まず、労災保険の法的性格をどう見るかという理論的課題がある。労災保険制度は、被災労働者に対して、使用者責任を背景として、一般の死傷病に比べて、給付の面で手厚い保護を与えてきた。一方で、通勤災害などのように使用者責任とは直接結びつきにくい事故も対象とするといった「労災保険の社会保障化」が進められてきた。やがて業務上内・外の区別なく、交通事故なども含めて死傷病を総合的に補償する制度（例えばニュージーランドの事故補償法）へと展開するであろうという主張もある。だが、これには、使用者責任をあいまいにするものだという批判も強い。

次に、実務的な問題としていくつかあげられる。まず、安全衛生技術の発展により、墜落・転落、爆発といった原因による死傷病は年々減少してきたが、これに代わって、長時間労働、評価主義、ストレスからくる過労死、精神障害（うつ病など）および自殺を理由とする労災申請が年々増加していることである（2008（平成20）年度では、過労死等事案請求が889件、精神障害等事案請求件数が927件）。労災認定の弾力的な運用はもちろんのことであるが、労働者が精神的にも健康な状態で仕事ができるように、企業は、安全管理者・衛生管理者、メンタルヘルス対策支援センターなどとの連携を図り、研修・教育、相談体制、職場復帰対策などに真剣に取り組まなくてはならない。また、労災の防止・予防という観点からは、二次健康診断等給付も注目される（26条）。これは、定期健康診断で脳血管および心臓の所見に異常が見られた労働者に対して、医師などによる保健指導等を行うサービスであり、2001（平成13）年4月からスター

トしている。これまで事後救済を目的とした社会保険制度が、予防という新しい機能を取り込んでくる現象は、医療保険、介護保険にも共通して見られる現象である。いずれにせよ、労災保険制度には、労働行政と一体となった労災予防、再発防止が求められている。

《参考文献》
山口浩一郎『労災補償の諸問題〔増補版〕』（信山社、2008年）
保原喜志夫・山口浩一郎・西村健一郎『労災保険・安全衛生のすべて』（有斐閣、1998年）
日本労働法学会編『労働法におけるセーフティネットの再構築』日本労働法学会誌111号（2008年）
「特集・現下の不況と雇用問題」季刊労働法226号（2009年）

【石橋敏郎】

コラム6　就労支援サービス

わが国の社会保障制度においては最近自立支援が重視されるようになり、その一環として様々な就労支援サービスが創設されている。例えば、障害者自立支援法に基づく就労移行支援（就労を希望する者に、一定期間、生産活動の機会などを通じて、就労に必要な知識および能力の向上のために必要な訓練を行う）と就労継続支援（企業等での就労が困難な者に、就労の機会を提供するとともに、知識および能力の向上のために必要な訓練等を行う）がその例である。また、生活保護受給者等を対象に公共職業安定所が福祉事務所と連携して就労支援サービスを行う生活保護受給者等就労支援事業（以下、「事業」と略す）も実施されている。ここでは、この事業を中心に述べておきたい。

この事業は、生活保護受給者又は児童扶養手当受給者の自立支援プログラム（「平成17年度における自立支援プログラムの基本方針について（2005年3月31日、厚生労働省社会・援護局長通知）」）の一環として、2005年から実施されている。この事業の概要は、公共職業安定所が福祉事務所等の職員と連携し、就労支援チームを構成して、個別の面接を行う等により、就労支援プランの策定、就労支援メニューの選定などの支援方針を決定する。この支援方針の決定にあたっては支援対象者の生活環境および本人の希望、能力等を十分に考慮することとされている。また、支援対象者の範囲は、①稼働能力を有し、②就労意欲があり、③就職にあたっての①および②以外の阻害要因がなく、④事業への参加に同意している者の4つの要件を満たしている者とされている。このように現在では、就労の開始又は継続を阻害する家庭環境上の要因（保育や介護等）がなく、就労が可能である者が対象とされている。しかし今後は、就労支援とともに福祉事務所の日常生活、社会生活自立支援プログラムを併用する形で、就労に関連する問題も含めて個別プランを策定し、他のサービスを受給しながら就労自立できるようにする必要があるだろう。

また、わが国では生活保護受給者等に対する就労支援をどのように位置づけるかという問題がある。諸外国の就労支援は、英米型のワークフェアと北欧型のアクティベーションに大別することができる。英米型のワークフェアは、保護（生活保護、失業保険など）を受ける条件として就労自立支援プログラム参加を結びつけ、参加者が保護から脱却することを目指すことを目的としている。これに対して、北欧型のアクティベーションは保護を受給しながら就労支援を行い、参加者のエンパワーメントを通して経済的自立を図っていくことを目的としている。わが国において就労支援の目的をどのように位置づけるのかは今後の課題となるであろう。

坂口昌宏（熊本県立大学アドミニストレーション研究科博士後期課程）

第8章　生活保護

ポイント

* 生活保護は、社会保険のように一定の事故やニーズに対し、画一的な給付を行うものではなく、何らかの理由で経済的に自立した最低限度の生活を営むことができない要保護者に対して、個別的な給付を行うものである。
* 被保護世帯数・被保護人員数は、1992（平成4）年秋以降減少傾向から横ばい傾向で推移してきたが、バブル経済崩壊以降の1990年代後半から再び上昇傾向に転じ、以後、増加傾向で推移している。
* 2005（平成17）年から導入された自立支援プログラムとは、実施機関である福祉事務所が、管内の生活保護利用者全体の状況を把握したうえで、要保護者の状況や自立支援を阻害する要因（自立に向けた課題）について類型化を図り、それぞれの類型ごとに取り組むべき自立支援の具体的内容および実施手順などを定め、これに基づいて個々の要保護者に必要な支援を組織的に実施していくというものである。

1　生活保護の意義と最近の動向

1　生活保護の意義

　近代的公的扶助としての生活保護は憲法25条に規定された生存権、すなわち「健康で文化的な最低限度の生活」を具体化した制度である。また、同制度は、社会保障制度においては、社会保険や社会福祉サービスなどとともに相互に補完し合い、貧困者などに対する最終的な所得保障の機能を果たしている。

　生活保護は、社会保険のように一定の事故やニーズに対し画一的な給付を行うものではなく、何らかの理由で経済的に自立した最低限度の生活を営むこと

が出来ない要保護者に対して個別的な給付を行うものである。また、その給付に先立ち、要保護状態にあることを確認するために、行政機関による資力調査（ミーンズテスト）が実施される。そして、その財源は、国家や地方自治体の一般財源によって賄われ、受給者等の拠出はなく、全額公費負担によって給付が行われている。

なお、生活保護は、「国が各種の法律、公共施策等によって、すべての国民に保障すべき最低限度の生活水準（ナショナル・ミニマム）」を達成するための最終的な公的救済手段（最後の安全網：セーフティネット）であるため、社会保険や他の社会保障制度による給付を行ってもなお最低生活を維持することができない場合に限って適用される。

2　被保護世帯の動向

現在の生活保護の動向を知るための指標の1つに保護率（‰）があるが、これは、人口における保護受給者の割合を示したものである。ただし、保護の動向は、景気変動等の経済的要因、少子高齢化や核家族化の進行等の社会的要因や生活保護以外の他の社会保障制度の整備状況、保護の実施機関の取組等、これらの要因が複雑に影響し合って推移する傾向があることに留意しなくてはならない。これらを念頭におきつつ、近年のわが国の生活保護の動向を概観することにしよう。

被保護世帯数　1980年代後半から減少傾向を示していた被保護世帯数は1990年代後半から増加に転じ、2005（平成17）年度には100万世帯を超え、2007（平成19）年度には約111万世帯となった（図表8-1）。近年の厳しい経済状況や雇用情勢を考えると、今後もこのような高い数値が継続することが予測される。

また、被保護世帯数（停止中の世帯を除く）の世帯類型別世帯数を構成割合でみると「高齢者世帯」が45.1％と最も多く、次いで「障害者・傷病者世帯」が36.4％、「母子世帯」が8.4％、「その他の世帯」が10.1％となっている。

近年の被保護者層は、高齢者・障害者・傷病者・母子世帯等、いわゆる社会

図表8-1　世帯類型別被保護世帯数の年次推移

	平成15年度	16年度	17年度	18年度	19年度	対前年度	
						増減数	増減率(％)
総　　数	941,270	998,887	1,041,508	1,075,820	1,105,275	29,455	2.7
高齢者世帯	435,804	465,680	451,962	473,838	497,665	23,827	5.0
障害者世帯・傷病者世帯	336,772	349,844	389,818	397,357	401,088	3,731	0.9
母子世帯	82,216	87,478	90,531	92,609	92,910	301	0.3
その他の世帯	84,941	94,148	107,259	109,847	111,282	1,435	1.3

注：総数には保護停止中の世帯も含む。
出典：「平成19年度社会福祉行政業務報告」(厚生労働省)

的、経済的影響を直接受けやすい人達が大部分を占めており、このような人達への積極的な社会的支援が実施されない限り、この傾向は今後も継続するものと思われる。なお、「高齢者世帯」が2005 (平成17) 年度、前年度に比べやや減少しているが、これは「高齢者世帯」の定義を、2004 (平成16) 年度までは「男65歳以上、女60歳以上の者のみで構成されている世帯もしくは、これらに18歳未満の者が加わった世帯」としていたものを、2005 (平成17) 年度からは「男女とも65歳以上の者のみで構成されている世帯もしくは、これらに18歳未満の者が加わった世帯」と変更したことによるものである。

被保護人員数　保護率の推移をみていくと、1951 (昭和26) 年度には約204万6,600人が受給し、保護率24.2‰となっている。現在のところこの保護率が最も高く、その後、減少傾向に転じていく。1950年代に保護率が高いのは終戦直後で生活に困窮している人が多数いたことを反映している。その後、わが国は高度経済成長へと突入し、保護率は次第に低下していくが、これには1960年代に確立した「国民皆保険皆年金」などの社会保障制度の整備・充実が影響していることが考えられる。その後、2つの石油危機などの影響により、保護受給の動向はいったん減少傾向から上昇傾向に転じるが、1980年代後半から再び減少傾向を示すようになる。そして1995 (平成7) 年度には保護率7.0‰、保護人員数約88万2,000人まで低下する。しかし、近年

図表8-2　被保護実人員・保護の種類別扶助人員及び保護率の年次推移（1か月平均）

	平成15年度	16年度	17年度	18年度	19年度	対前年度 増減数	増減率(%)
被保護実人員	1,344,327	1,423,388	1,475,838	1,513,892	1,543,321	29,429	1.9
保護率（人口千対）(‰)	10.5	11.1	11.6	11.8	12.1		
生活扶助	1,201,836	1,273,502	1,320,413	1,354,242	1,379,945	25,703	1.9
医療扶助	1,082,648	1,154,521	1,207,814	1,226,233	1,248,145	21,912	1.8
住宅扶助	1,069,135	1,143,310	1,194,020	1,233,105	1,262,158	29,053	2.4
介護扶助（再掲）	127,164	147,239	164,093	172,214	184,258	12,044	7.0
施設介護	26,640	29,213	31,875	34,437	36,597	2,160	6.3
介護老人福祉施設	10,216	12,158	13,981	15,498	16,884	1,386	8.9
介護老人保健施設	9,226	9,967	10,936	12,462	13,350	888	7.1
介護療養型医療施設	7,198	7,088	6,958	6,477	6,238	△239	△3.7
地域密着型介護老人福祉施設					125		
居宅介護・介護予防	100,524	118,027	132,218	127,964	147,662	19,698	15.4
居宅介護	100,524	118,027	132,218	127,964	109,064	△18,900	△14.8
介護予防	-	-	-	-	38,597	-	-
その他の扶助	127,121	135,272	167,264	172,994	173,398	404	0.2

注：「その他の扶助」は、「教育扶助」「出産扶助」「生業扶助」「葬祭扶助」の合計である。
出典：「平成19年度社会福祉行政業務報告」（厚生労働省）

の保護受給の動向は、バブル経済崩壊以降の1990年代後半から再び上昇傾向へと転じ、2007（平成19）年度には12.1‰、保護人員数約148万人となっている。

扶助別受給割合　　現行8種類ある扶助の中で日常生活に必要な経費を賄う「生活扶助」を受給している人が被保護人員の大部分を占め、その動きは被保護人員全体の動きと同様に推移しており、2007（平成19）年度平均で約138万人、被保護者のうち89.4％が受給している。ただし、被保護世帯数における各扶助の受給割合は、2007（平成19）年度には医療扶助87.9％、生活扶助87.6％、住宅扶助80.1％、介護扶助16.1％、教育扶助7.9％、他の扶助3.0％となっている。したがって、被保護人員数では生活扶助が最も多

く、被保護世帯数では医療扶助が最も多いことに留意されたい。

> 保護開始・廃止理由

2007（平成19）年度の被保護世帯の構成割合をみると、第1に「傷病」を理由とする開始が43.1％と最も多くなっており、次いで「稼働収入減」が13.8％となっている。このことから、生計の中心者である世帯主が傷病になった場合と、近年の景気減退・雇用状況の悪化から稼働収入が減少したことによる家計経済への影響が著しく大きいことがわかる。

一方、保護の廃止理由の状況をみてみると、死亡・失そうに伴う廃止が2007（平成19）年度で44.7％であり、傷病の治癒に伴う廃止（12.6％）を大きく上回る状況が続いている。また収入の増加による廃止の割合は従来は約3割を示していたが、最近では約2割（12.2％）に減少している。

2　公的扶助制度の歴史

1　イギリス公的扶助の歴史

> エリザベス救貧法

イギリスは公的扶助の原型とされるエリザベス救貧法（Elizabethan Poor Law）が誕生した国であり、公的扶助のあり方や貧困問題を考えるうえで、この国の歴史的展開は必ず理解しておく必要がある。

同法の特徴としては、キリスト教の布教組織である教区を救貧行政の単位とし、教区ごとに地域の貧民監督官を判事が任命し、その監督官が教区から救貧税を徴収し、救貧行政の実務にあたったこと等をあげることができる。さらに同法では、労働力の有無により貧民を区別、救済にあたっていた。つまり、貧民を、①労働能力のある貧民、②労働能力のない貧民、③扶養者のいない児童に分類し、①に対しては就労を強制し、それを拒絶する者は懲治監に収容、②に対しては親族の扶養を優先、救済は必要最低限とし、③に対しては、徒弟奉公という名の強制労働を強制した。

新救貧法　エリザベス救貧法の下、救貧行政が展開されていたが、産業革命が進行するにつれ、貧民はさらに増大、救貧費も急増していた。この対応策として、貧民を収容し就労させるワークハウス（労役場）が急増した。これは、労働能力のある貧民が「恐怖の家」と忌み嫌うほどの劣悪な環境で強制労働させることにより、貧民自身が救済を思いとどまるという救済抑止策の目的もあった。

　しかし、この救済抑止策があまりにも非人間的なものであったことから、1782年にはギルバート法（Gilbert's Act）が制定され、労働能力のある貧民の院外救済による一般雇用を認めた。さらに、1795年には賃金補助を行うスピーナムランド（Speenhamland Act）制度が導入された。この制度により家族数とパンの価格に応じて定められた基本生活費を算出し、収入がこれに満たない労働能力のある貧民に対して、その不足分を救貧税から賄うことのできる程度の賃金補助を行った。しかし、こういった政策展開は救貧税の負担が増すばかりで、多くの社会的非難を浴びることになった。当時の貧困に対する考え方は、マルサス（Malthus, T.）に代表されるような「貧困は個人の責任であり、安易な救済は、労働可能な人々をさらに堕落させる」というものであった。このような貧困観が、それまでの救貧行政を全面的に見直す契機にもなった。

　その結果、1834年に制定されたのが新救貧法である。新救貧法の特徴は、①均一処遇の原則（全国的統一の原則）、②院外救済の禁止、③劣等処遇の原則である。なかでも劣等処遇の原則は、救済を受ける貧民は最下層の自立した労働者の生活よりも外見的にも実質的にも低いものでなくてはならないという厳しいものであり、その意味で劣等処遇には「見せしめ」「懲罰」といった意味合いが含まれていた。しかし、新救貧法により一時的には救済費を抑制することができたが、貧困問題を解決することはできなかった。こうした救貧行政の不備を補おうと、イギリスでは民間の慈善団体の活動が活発化する。特に有名な活動が1869年にロンドンで設立された慈善組織協会（COS: Charity Organization Society）である。COSは貧困者を「救済に値する貧民」と「救済に値しない貧民」に分け、前者を協会の対象として訪問活動や道徳的指導を行い、後者を

救貧行政に委ね慈善活動を展開した。

2 日 本

わが国で本格的な公的扶助制度とよばれるものが形成されたのは昭和初期であり、さらに生存権に基づく制度となったのは第二次世界大戦後のことである。

旧生活保護法の制定 第二次世界大戦後は、戦争被災者、引揚者、離職者など、公的救済を必要とする要保護者が急増し、わが国の国民生活は困窮をきわめた。こうした状況のなか、連合国最高司令部（GHQ）の要請を受けて、1946（昭和21）年9月に、旧生活保護法（以下、旧法）が制定された。なお、保護の種類は生活扶助、医療扶助、助産扶助、生業扶助、葬祭扶助の5種類であった。

旧法は、労働能力のある生活困窮者を除外する制限扶助主義ではなく、現に生活に困窮している者を保護するという一般扶助主義を採用した点で、それまでの救貧法制とは異なるものであった。すなわち、国家責任による保護や無差別平等を明言、保護費の8割を国庫負担とするなど、救護法における恩恵的な思想を否定するものであった。しかし、無差別平等といいながらも、保護請求権に関する明確な規定はなく、怠惰な者や素行不良な者を除外する欠格条項や扶養義務者に扶養能力がある場合の除外規定があった。また、方面委員から名称が変わった民生委員を補助機関としたことにより、保護の決定実施が民生委員という個人レベルで処理され、国家責任による保護や無差別平等の原則が形骸化されるなど、恩恵的な思想を払拭することができなかった。

現行生活保護法 1950（昭和25）年に制定された現行生活保護法は、生活保護制度が憲法25条の生存権の理念に基づくものであることを明確にした。具体的には、①国民の保護請求権を具体化するために不服申立制度を確立したこと、②保護の対象において欠格条項を廃し、すべての生活困窮者に拡大したこと、③保護行政の直接の担当者としては社会福祉主事という専門職員を設置し、民生委員を協力機関としたこと、④新たに教育扶助と住宅扶助を設定して保護の種類を7つにしたことなどである。なお、2000（平

成12)年の改正で介護扶助が加わり、現在は8つとなっている。

そして翌1951年（昭和26）年3月には社会福祉事業法が制定され、同年10月に生活保護行政の第一線機関として福祉事務所が発足したことによって、国民の最低限度の生活を保障する公的扶助体系が成立した。

3　生活保護法の目的・原理・原則

生活保護の目的　日本国憲法は25条において「国民は、健康で文化的な最低限度の生活を営む権利を有する」と規定し、国民に健康で文化的な最低限度の生活を保障することは国の義務であると宣言している。生活保護制度は、この憲法に規定する国民の生存権を直接的に実現するための制度である。このことは、生活保護法1条に「この法律は、日本国憲法第25条に規定する理念に基づき、国が生活に困窮するすべての国民に対し、その困窮の程度に応じ、必要な保護を行い、その最低限度の生活を保障するととともに、その自立を助長することを目的とする」と規定していることからも明らかである。したがって、生活保護の目的は第1に国家責任による最低限度の生活の保障であり、第2に自立の助長である。前者は最低限度の生活を保障するという点で社会保障的側面、後者は保護の実施機関が被保護者に対して提供する自立援助という点で社会福祉的側面を有しているといえる。

生活保護の基本原理　生活保護は、①国家責任による最低生活保障の原理、②保護請求権無差別平等の原理、③最低生活保障の原理、④保護の補足性という4つの基本原理に立脚して実施される。

(1) **国家責任の原理**　法1条は、生活困窮者に対する最低限度の生活保障は、国の責任において行わなければならないことを明記している。これは生活保護を実施するうえで最も基本的な原理であり、生活に困窮する国民の生活保障を、国家が直接の責任において実施することを規定したものである。なお、法1条は目的と基本原理をかねている。

(2) **無差別平等の原理**　法2条は、憲法14条の「法の下の平等」を生活保護

法にあらわしたものである。つまり、「無差別平等」とは、人種、信条、性別、社会的身分、門地等によって差別されることはないということである。また無差別平等とは単に差別しないというだけではなく、生活保護の申請段階あるいは決定段階で、生活に困窮しているという経済状態にだけに着目して行うということである。なお、救護法や旧生活保護法では定められていたような欠格条項はないが、「国民」であることと「この法律の定める要件を満たす限り」という前提はある。

(3) **最低生活保障の原理**　法3条は、生活保護によって保障される「最低限度の生活」とは、いわば「食えるか食えないか」という肉体的能率を保持するのみの生活ではなく、憲法25条に規定された「健康で文化的な生活」を維持できるもののことをいう。

(4) **保護の補足性の原理**　法4条は、生活困窮者が、生活保護を受給するための最低限の要件を規定したものである。つまり、保護を受けるためには、各自がその利用し得る資産、能力その他あらゆるものを、最低限度の生活の維持のために活用することを要件とし、また、民法に定める扶養義務者の扶養や他の法律に定める扶助が、生活保護より優先することを明記している。生活保護による保護は、あくまでも最終的な救済手段であり、他の手段によって不足する部分を補うという性格を有している。なお、この原理に基づき、生活保護では、要保護状態にあるかどうかを調査するために公的扶助の特徴の1つであるといわれる資力調査（ミーンズ・テスト）が実施される。

| 生活保護の原則 |

生活保護法は、制度を実際に運用するにあたって、(1)申請保護の原則、(2)基準及び程度の原則、(3)必要即応の原則、(4)世帯単位の原則という4つの原則を規定している。

(1) **申請保護の原則**　生活保護法はすべての国民に保護請求権を認めているが、生活保護は生活に困窮しているからといって自動的に適用されるものではなく、申請に基づいて開始することを原則としている。そして法は、その請求者として「要保護者、その扶養義務者又は同居の親族」をあげている。

法は申請保護を原則としているが、保護の実施機関は、要保護者が急迫した

状況にある時は、必要な保護（職権保護）を行うことができる。また、福祉事務所を置かない町村の長も、その区域内で特に急迫した状況にある要保護者に対しては、応急的処置として必要な保護（応急保護）を行うことができる。

(2) **基準及び程度の原則**　法に規定された無差別平等の原理を実施するためには、どのような対象者にどの程度の保護が必要であるかが規定されていなければ、保護は各実施機関の判断で恣意的に行われてしまうおそれがある。そこで、法の実施は、①厚生労働大臣の定める基準により測定した、②要保護者の需要を基礎とし、そのうち、③その者の金銭または物品で満たすことのできない、④不足分を補う程度において行うとしている。なお、同原則は、保護の要否を決めるための基準と、保護費の程度を決めるための基準という2つの判断基準を有する。

(3) **必要即応の原則**　生活保護の運用にあたっては、要保護者の年齢、健康状態といった個々の実情を考慮したうえで有効かつ適切に行われるべきことを規定している。これは、実施機関が生活保護の運用を事務的に取扱うのではなく、個々の実情に即した対応をすべきであるという戒めの意味もあり、実施機関は常に留意すべき規定である。

(4) **世帯単位の原則**　保護の要否や程度の決定にあたっては、世帯単位で行うという規定である。これは社会保険等の給付が個人単位で行われることと異なるものである。生活保護では要保護者が実際に困窮状態に陥っているかどうか、あるいはどの程度の保護が必要であるかどうかをその者の属する世帯全体を見て判断するということである。この考え方は、生活困窮という状態が、1個人に表れるという現象であるというより、生計を1つにしている世帯全体に影響を及ぼすという社会通念に基づいている。なお、ここでいう世帯とは、同一の住居に居住し、生計を1つにしている集団をいうが、生計を1つにしていなくても、同一世帯と認定することが適当であると判断される場合には、同一世帯として扱われる。また、世帯単位による保護を行うことでかえって最低限度の生活を維持することが困難な場合等は、同一世帯であっても別世帯として扱うことができる（世帯分離）。

4　保護の種類

　生活保護法11条には、最低限度の生活を保障するために、①生活扶助、②教育扶助、③住宅扶助、④医療扶助、⑤介護扶助、⑥出産扶助、⑦生業扶助、⑧葬祭扶助の8種類の扶助を規定している。いうまでもなく、社会生活を営むうえでは、衣食住を満たすだけではなく、その世帯に最低限必要な経費も給付されなくてはならない。したがってこの8種類の扶助のうち、いくつか組み合わせて支給されたり（併給）、1つだけ支給されたり（単給）することになる。例外として、救護施設、更生施設などの保護施設に入所させて保護を行うことも認められている（30条）。

　そのうちもっとも基本となるのが生活扶助である。生活扶助は、衣食その他日常生活の需要を満たすために必要な飲食物費、被服費、光熱水費、家具什器購入費などと、転居や施設入所のための移送費から成り立っている（12条）。日常生活費は、飲食費や被服費など個人で消費する部分（第1類費）と、電気・ガス代のように世帯で共通に消費する部分（第2類費用）とに分かれ、さらに生活する地域によって物価や生活様式が異なるので、これに応じて全国を6つの級地（1級地—1から3級地—2まで）に区分している。これに世帯構成員の数、年齢、就学状況などを考慮して、生活扶助額は世帯ごとに個別に算定される。これに妊産婦とか障害者といった特別なニーズに応じるための加算制度が加わる（図表8-3）。

　生活扶助額の決め方（基準）については、当初のマーケット・バスケット方式（家計費目ごとの所要量を積み上げていく方式）から、エンゲル方式、格差縮小方式と移行し、現在は、一般国民の生活水準の伸びと均衡させる形で生活保護基準を改定する水準均衡方式がとられている。

　老齢加算については、70歳以上の高齢者に特別の需要があるとは認められないという理由で、2006（平成18）年度に完全廃止となった。母子加算についても2009（平成21）年度に完全廃止されたが、2009（平成21）年9月に発足した民

図表8-3　生活扶助の種類

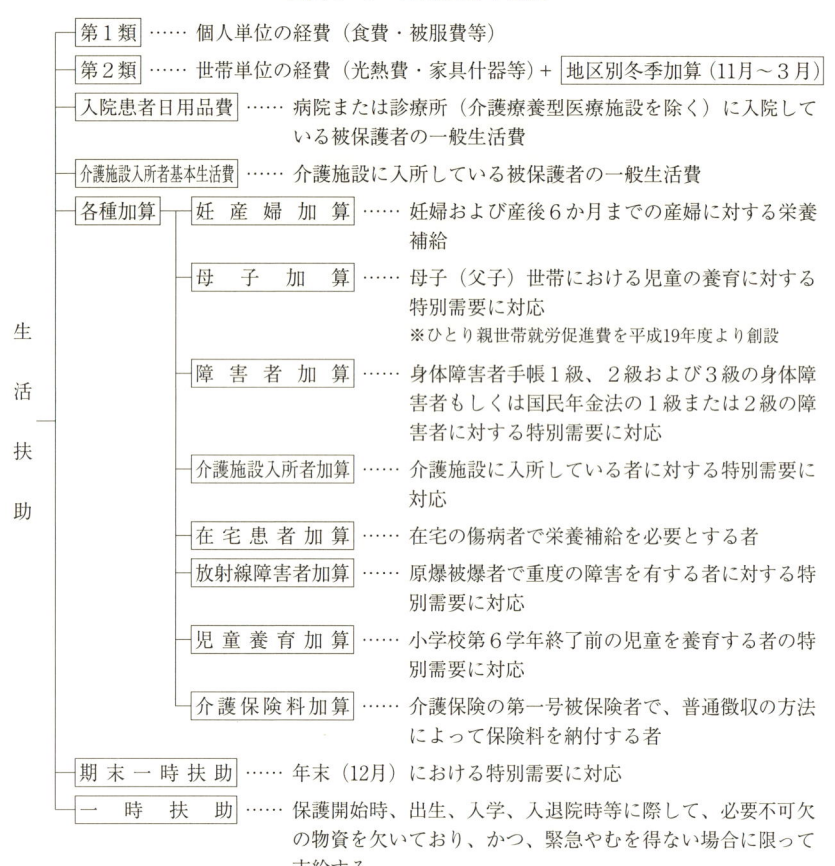

```
生活扶助
├─ 第1類 …… 個人単位の経費（食費・被服費等）
├─ 第2類 …… 世帯単位の経費（光熱費・家具什器等）＋ 地区別冬季加算（11月～3月）
├─ 入院患者日用品費 …… 病院または診療所（介護療養型医療施設を除く）に入院している被保護者の一般生活費
├─ 介護施設入所者基本生活費 …… 介護施設に入所している被保護者の一般生活費
├─ 各種加算
│   ├─ 妊産婦加算 …… 妊婦および産後6か月までの産婦に対する栄養補給
│   ├─ 母子加算 …… 母子（父子）世帯における児童の養育に対する特別需要に対応
│   │             ※ひとり親世帯就労促進費を平成19年度より創設
│   ├─ 障害者加算 …… 身体障害者手帳1級、2級および3級の身体障害者もしくは国民年金法の1級または2級の障害者に対する特別需要に対応
│   ├─ 介護施設入所者加算 …… 介護施設に入所している者に対する特別需要に対応
│   ├─ 在宅患者加算 …… 在宅の傷病者で栄養補給を必要とする者
│   ├─ 放射線障害者加算 …… 原爆被爆者で重度の障害を有する者に対する特別需要に対応
│   ├─ 児童養育加算 …… 小学校第6学年終了前の児童を養育する者の特別需要に対応
│   └─ 介護保険料加算 …… 介護保険の第一号被保険者で、普通徴収の方法によって保険料を納付する者
├─ 期末一時扶助 …… 年末（12月）における特別需要に対応
└─ 一時扶助 …… 保護開始時、出生、入学、入退院時等に際して、必要不可欠の物資を欠いており、かつ、緊急やむを得ない場合に限って支給する
```

出典：『社会保障入門2009』（中央法規出版、2009年）46頁。

主党政権により、同年12月に復活された。

5　生活保護の実施体制

　生活保護の事務をはじめとして、全国的に統一かつ平等に行う必要のある事務に関しては、国の事務を地方公共団体が委任を受けて代行する「機関委任事

務」として行われてきた。しかし、1999（平成11）年7月に公布された「地方分権の推進を図るための関係法律の整備等に関する法律」（地方分権一括法）によってこの機関委任事務は廃止され、2000（平成12）年4月から、地方公共団体の行う事務は、「法定受託事務」と「自治事務」の2つに分けられている。これによって、生活保護の事務のうち、保護の決定・実施に関する事務は「法定受託事務」として、保護の実施機関が要保護者のために行う自立の助長のための相談等の援助事務は「自治事務」として行われている。

(1) **国**　国の生活保護に関する所管行政機関は厚生労働省であり、その生活保護事務はその内部部局である社会・援護局において所掌されている。同省は、生活保護の基準の決定のほかに、生活保護行政の運用のあり方、および指導監督等の業務を行っている。

(2) **都道府県（指定都市・中核市）**　都道府県の生活保護に関する事務は、条例により所管部局が設置されているが、その名称は自治体により異なる。例えば保健福祉部、健康福祉局などであり、さらに直接の保護の主管課は一般に保護課、生活福祉課等と名称で呼ばれている。これらの課において、福祉事務所に対する事務監査、保護施設への運営指導及び立入検査、医療費の審査決定、生活保護費の予算編成及び執行、保護の決定実施に関する処分の不服申立の採決等の生活保護事務を行っている。

(3) **福祉事務所**　保護の決定、実施等に関する権限は、都道府県知事、市長及び福祉事務所を設置する町村長が有している。これを保護の実施機関という（19条）。そして、その事務は法定受託事務並びに自治事務として地方公共団体が行うものとされている。しかし、実際には、都道府県、市及び町村は生活保護実施の現業機関として福祉事務所を設置し（社会福祉法14条）、保護の決定、実施等に関する権限を福祉事務所長に委任している（19条）。

(4) **町村**　福祉事務所を設置しない町村の長は保護の実施機関ではないが、法19条に基づき、①急迫状況にある要保護者に対する応急的な保護の実施、②要保護者の発見、被保護者の生活状況等の変動についての保護の実施機関または福祉事務所長への通報、③保護の開始、または変更の申請を受理した

場合の保護の実施機関への申請書の送付、④保護の実施機関または福祉事務所長から依頼があった場合の被保護者への保護金品の交付、⑤保護の実施機関または福祉事務所長から依頼があった場合の要保護者に関する調査、などの役割がある。

6　被保護者の権利と義務

　生活保護は国民の最低限度の生活を保障するための給付であるため、要保護者に一定の権利が認められている。一方で、その費用は国民の税金によって賄われているから、それらに対応して被保護者には、一定の義務も課せられている。

被保護者の権利

　被保護者には以下の権利が認められている。
　(1)　**不利益変更の禁止**　　被保護者は、正当な理由がなければ、すでに決定された保護を、不利益に変更されることがない（法56条）。この規定は、生活保護法の各要件に該当しない限りは、保護は不利益に変更されないことを明言したものである。
　(2)　**公課禁止**　　被保護者は、保護金品を標準として租税その他の公課を課せられることがない（57条）。生活保護法による保護金品はあくまでも最低限度の生活を保障するために給付されるものであるから、これを収入として租税その他の公課を課してはならないのは当然である。
　(3)　**差押禁止**　　被保護者は、すでに給付を受けた保護金品又はこれを受ける権利を差し押さえられることがない（58条）。前条の「公課禁止」は公権力との関係における保護金品に対する保障であるが、「差押禁止」はおもに民事上の債権、債務関係に関する保護金品等に対する保障である。

被保護者の義務

　被保護者の義務には以下のものがある。
　(1)　**譲渡禁止**　　被保護者は、保護を譲り受ける権利を譲り渡すことができない（59条）。この規定は、保護を受ける権利が一身専属権であること、他に譲渡することができないことを明確にしたものである。

(2) **生活上の義務**　被保護者は、常に、能力に応じて勤労に励み、支出の節約を図り、その他生活の維持、向上に努めなければならない（60条）。この規定は、法4条1項の保護の補足性に相応する規定である。

(3) **届出の義務**　被保護者は、収入、支出その他生計の状況について変動があったとき、又は居住地若しくは世帯の構成に異動があったときは、すみやかに、保護の実施機関又は福祉事務所長にその旨を届け出なければならない（61条）。この規定は、国民の税金で賄われている生活保護制度を適正に運用するため、被保護者に必要事項の届出を義務づけたものである。ここでいう「収入」とは、保護金品を除いたすべての収入であり、「生計の状況」とは、世帯の収入の状況、世帯員の就業、失業、疾病等の生計に変動をおよぼす事実である。もしも、世帯の収入等に変動があったにも関わらず、届出をせずに、不正な手段により、保護を受けた場合は、生活保護法は罰則を課すことを規定している。

(4) **指示等に従う義務**　被保護者は、必要な指導又は指示があったときは、これに従わなければならない（62条1項）。この義務に違反した時は、実施機関は保護の変更、停止または廃止ができるとしている。これは、実施機関の指導や指示は、その世帯の自立助長を目的として行われるからである。ただし、この指導指示は、「生活の維持、向上その他保護の目的達成に必要」であること、また「被保護者の自由を尊重し、必要の最小限度に止めなければならない」（27条）ことは言うまでもない。

(5) **費用返還義務**　被保護者が、急迫の場合等において資力があるにもかかわらず、保護を受けたときは、保護に要する費用を支弁した都道府県又は市町村に対して、すみやかに、その受けた保護金品に相当する金額の範囲内において保護の実施機関の定める額を返還しなければならない（63条）。

7　生活保護の課題

<u>生活保護制度の見直し</u>　生活保護制度は、ナショナル・ミニマムを実現するための社会保障の最終的手段であり、国民の生存権・生活保障の最後の拠り所、社会の安全網（セーフティネット）である。したがってその運用にあたっては、生活保護法の目的を踏まえ、適正かつ円滑に実施される必要がある。しかし、生活保護法は1950（昭和25）年に制定されてからすでに50年以上の歳月が流れ、その間、大幅な改正が行われることなく、今日に至っている。同法が制定された戦後の状況と今日の我々の生活を取り巻く状況は大きく異なっている。アメリカに端を発するサブプライム問題は世界的な経済不況を引き起こし、わが国の経済・雇用状況にも大きな影響を与えた。ワーキングプアや非正規労働者の増加は従来の貧困概念の転換を迫るものであり、なおかつ、生活保護の運用上、このような稼働能力のある人々は保護の補足性（法4条1項）の関係から救済の対象とは考えられてこなかった。生活保護法は生存権を具体化した法律、いわば普遍的な原則を踏まえたものであるから、どのような時代・社会になろうとも対応できるものであるという積極的な評価をすることも可能であろうが、実際には、法の目的・理念と生活保護の運用にかなりの乖離が生じてしまったことは否めない。したがって法それ自体も含めて、生活保護制度のあり方を抜本的に見直す必要がある。

<u>自立支援プログラム</u>　2003（平成15）年、社会保障審議会福祉部会に「生活保護制度の在り方に関する専門委員会」が設置された。同委員会は今日の生活保護世帯が抱える問題を踏まえて生活保護制度のあり方を検討し、要保護者と直接関わっている地方自治体が、要保護者の現状や地域の社会資源を踏まえ、自主性・独自性を生かして「自立支援プログラム」を策定し、それに基づいて支援の実施をするよう提案した。ここでいう自立支援プログラムとは、福祉事務所が管内の生活保護利用者全体の状況を把握したうえで、要保護者の状況や自立支援を阻害する要因について類型化を図り、それぞ

れの類型ごとに取り組むべき自立支援の具体的内容および実施手順などを定め、これに基づいて個々の要保護者に必要な支援を組織的に実施していくというものである。これにより2005（平成17）年度より、国や自治体、福祉事務所が連携し、各自治体が自立支援プログラムによる支援活動に取り組んでいくことになった。

しかし、その策定のあり方、運用状況、導入後の効果については各自治体によってまちまちである。自立支援プログラムの当初の目的を達するためにも、これの策定、運用のあり方について各自治体共通の目安となり、さらにはこれを用いることで現業員の事務の軽減が図れるような基準を確立することが必要である。また、自立支援の体制づくりと財源確保に現在のところ法的な根拠がないため、自立支援プログラムを各自治体において確実に発展継続させていくためには、同プログラムを生活保護法にどう規定していくかの議論が必要になってくる。

現在の厳しい経済状況が今後もしばらく続くことを考えると、今以上に生活困窮者が増加していくことが予測される。このような人々の所得保障や自立支援のあり方をどうするのか積極的に議論していくとともに、1950（昭和25）年に制定された生活保護法を現代社会にふさわしいものに変革してくことが必要であると指摘しておかなくてはならない。

生活扶助基準の見直し　また、長期失業者や生活保護基準以下で働いている労働者（ワーキングプア）が増加し、一般低所得者と生活保護受給者の所得の均衡が図られていないとして、生活保護基準そのものの見直しも行われようとしている。2007（平成19）年11月、「生活扶助基準に関する検討会」報告書が出された。それによれば、現行生活保護基準では、世帯の人数が増すに連れて、扶助基準が割高となっているのに対して、単身世帯については消費実態を反映したものになっておらず、扶助金額の見直しが検討されなくてはならないと提言されている。生活扶助金額の見直しについては、各方面からの批判も強く、いまだ実施にはいたっていないが、いずれ何らかの形で具体的改定案が示されることも予想される。

母子加算・老齢加算の廃止については、これを違法とする訴訟が提起され（東京地判平成20年6月26日賃社1475号47頁、広島地判平成20年12月25日賃社1485・1486号49頁）、いずれも原告敗訴となっている。

　生活保護基準の見直しについては、他の社会保障政策への影響も大きく、今後ともかなりの時間をかけて慎重に議論をしていく必要があろう。

《参考文献》
岩田正美・杉村宏編著『MINERVA 社会福祉士養成テキストブック14　公的扶助論』
　（ミネルヴァ書房、2009年）
社会福祉士養成講座編集委員会編『新・社会福祉士養成講座　低所得者に対する支援と
　生活保護制度〔第2版〕』（中央法規出版、2010年）
大山典宏『生活保護 vs ワーキングプア』（PHP研究所、2008年）
杉村宏・岡部卓・布川日佐史編『よくわかる公的扶助』（ミネルヴァ書房、2009年）
布川日佐史『生活保護の論点』（山吹書房、2009年）
山田壮志郎『ホームレス支援における就労と福祉』（明石書店、2009年）
道中隆『生活保護と日本型ワーキングプア』（ミネルヴァ書房、2009年）

【上原紀美子】

コラム7　更生保護制度

　知的障がい者が係わる事件が頻繁に報道されるようになってきた。それとともに、罪を犯した障がい者が出所後の社会生活をおくる上での対策が検討されている。播磨社会復帰促進センター（兵庫県加古川）は、PFI方式という民間のアイデア・ノウハウを活用し、国と民間事業者が互いに協力して施設運営をしている新しい形の刑務所である。罪を犯した知的障がい者の出所後の地域生活支援のために教育プログラムが作られ、臨床心理士・社会福祉士および精神保健福祉士を採用し、司法サイドと福祉サイドの連携を図る取り組みがなされている。

　2006年に発足した厚労省の「触法等の障がい者の地域生活支援に関する」研究班は、刑務所内の知的障がい者に関する初の実態調査を実施し公表した。その結果、「出所後の身分保障が安定せず福祉的サポート体制が整えられないことが、再び刑務所に戻る要因となっている」と報告している。福祉サービスを受けるには居住地を確定する必要があるが、刑務所から釈放された知的障がい者は、引受人がないか、あるいは適当な住居がないことが多い。更生保護施設が存在するが施設の職員体制や施設の規模から適切な支援体制が取れない現状である。また、罪を犯した障害者の療育手帳所持率は低く、出所後に福祉の支援を受けられないことが再犯の一因となっている。福祉サービスの受給は申請主義のため、出所後にサービスを受けるためには、服役中に療育手帳の交付申請を行う必要があるが、交付申請者となるべき身元引受人等の家族との関係が希薄なため申請がなされないことが多い。また、療育手帳の交付申請は、発達期に知的障がいが発生したことを証明する書類の添付が必要となる。罪を犯した障がい者は、福祉サービスを受けることなく年齢を重ねていることが多いことから必要な証言を得ることが難しく、この点でも福祉の支援に繋がらないことが多かったと言える。さらに、全国ばらばらな療育手帳取得要件を統一し、交付基準を緩和することが必要であろう。2006年に施行された障害者自立支援法は、1次判定で「社会適応力」を軽視した区分判定がでることが多く、軽度知的障がい者への生活面の支援は極限られている。罪を犯した障がい者は「社会適応性」において不利に判定されることから、いわゆる余暇の時間の暮らし方に問題を抱えることが多く障がい者自立支援法の支援を必要としているにもかかわらず、極めて低い生活サポートレベルにならざる得ない。そのため現在、国の社会保障審議会で「刑務所出所者への対応」が検討され、そこで、司法サイドと福祉サイドを地域で繋ぐ「社会生活支援センター」（仮称）の設置が構想されている。

甲斐正法（熊本県第二城南学園園長）

第9章　高齢者福祉、障害者福祉

ポイント
* 高齢者福祉は、老人福祉法、介護保険法、高齢者医療確保法等により実施されている。
* 老人福祉法は、老人福祉の基本的枠組みや老人福祉サービスに関する規制および介護保険以外の福祉の措置が定められている。

ポイント
* 障害者に対する施設・在宅サービスは障害者自立支援法で対応される。それ以外の社会参加の促進などは身体障害者福祉法、知的障害者福祉法、精神保健福祉法に規定されている。
* 障害者自立支援法には、自立支援給付と地域生活支援事業がある。

I　高齢者福祉

1　高齢者問題の背景と高齢者福祉

　わが国は急速な少子・高齢化の進展により、本格的な高齢社会を迎えている。それに伴う財政逼迫のなか、いま新たな高齢者福祉における施策の創設や抜本的な見直しが図られている。
　「高齢者」とは何歳からをいうのか、わが国には一定の定義はなく、老人福祉法にも「老人」の年齢は定められていない。個人差があるとしつつも一般的

に65歳以上を高齢者とみなし、その人たちに高齢者福祉施策が実施されている。ただし、医療保険関係では75歳（2002年10月以前は70歳）と、施策によっては一定でない。

1956年の国際連合の報告書では、65歳以上の高齢者が総人口に占める割合（以下高齢化率という）が7％を超えると高齢化社会（Ageing Society）、14％を超えると高齢社会（Aged Society）と定義している。わが国では、1950（昭和25）年まで高齢化は低率で推移してきたが、1970（昭和45）年に7％を超え高齢化社会へ、その僅か24年後の1994（平成6）年には14％を超え高齢社会となった。また、高齢化の進展が諸外国に比べて短時間で進んだのも日本の特徴である。

わが国における高齢者福祉に関する公的施策は、在宅福祉対策と施設福祉対策とに大別される。さらに、在宅福祉対策は、対象者によって要援護高齢者対策と社会活動促進対策に分かれ、施設福祉対策は利用形態により施設入所によるものと施設利用によるものに分類される。高齢者の多くは福祉サービスに対するニーズと保健・医療サービスに対するニーズを併せ持っているため、それに見合ったサービスを提供していくには、保健・医療・福祉の総合的なサービス提供が求められる。

2　高齢者福祉の発展

老人福祉法の制定　第二次世界大戦直後の高齢者施策は貧困高齢者を対象とするものであった。すべての高齢者を対象とする高齢者固有の法制度として、1963（昭和38）年、老人福祉法が制定された。この法律によって、老人福祉の増進を目的に養護老人ホーム、特別養護老人ホーム、経費老人ホームへの入所措置などの施設福祉施策が体系化され、在宅福祉施策でも現在のホームヘルパーの前身となる「家庭奉仕員」が制度化された。

1973（昭和48）年は「福祉元年」とよばれ、老人福祉法の改正による老人医療費支給制度（老人医療費無料化）が始まった年である。しかし、老人医療費の

急騰を招いてしまい、その後のオイルショックや経済状況の変化とともに、1975（昭和50）年「福祉見直し論」が登場し、その端緒となる老人保健法が1982（昭和57）年に制定された。これに伴い翌年1月で老人医療費支給制度は終了した。この時期高齢化率が7％から10％台へと上昇し、国民の高齢化問題への関心は高まり、保健、医療、福祉サービスの充実や介護施設の必要性から、1986（昭和61）年老人保健法改正により老人保健施設が創設された。

福祉関係8法改正から1990年代まで

1989（平成元）年、高齢者保健福祉推進十か年戦略（通称ゴールドプラン）が策定された。そこには、1990（平成2）年度から10年間の高齢者保健福祉政策の推進方策が書き込まれ、在宅福祉対策や施設福祉対策の緊急整備計画として、ホームヘルプ、デイサービス、ショートステイなどの在宅福祉サービス、および特別養護老人ホーム、老人保健施設など施設の整備目標など具体的な数値目標が盛り込まれた。1990（平成2）年老人福祉法等の一部を改正する法律（福祉関係8法改正）が成立し、老人福祉法など8法の大がかりな改革が行われた。老人保健領域の主な改正点は、①在宅福祉サービスの積極的推進（社会福祉事業としての位置づけ）、②在宅福祉サービスと施設福祉サービスの実施主体の市町村への一元化、③市町村および都道府県による老人保健福祉計画の策定の義務づけである。老人福祉計画は老人福祉法で、老人保健計画は老人保健法によってそれぞれ規定された。その後、ゴールドプランの数値目標ではサービスが不足することが判明し、数値目標の上方修正が行われ、1994（平成6）年に大蔵・厚生・自治の3大臣合意による「新・高齢者保健福祉推進十か年戦略」（通称新ゴールドプラン）が設定された。

高齢化率はこの年14％を超え高齢社会に突入した。高齢化の進展に適切に対処するため1995（平成7）年、高齢社会対策基本法が制定され、翌1996（平成8）年高齢社会対策大綱が閣議決定された。そこでは、施策の基本理念を定め、国と地方公共団体の責務の明確化、高齢者の就業、年金その他の所得、健康および福祉、学習および社会参加、住宅・交通安全その他の生活環境など幅広い分野について施策の基本的考え方が示されている。1999（平成11）年、新ゴールドプランの終了に伴い、新たに「今後5か年間の高齢者保健福祉施策の

方向」(ゴールドプラン21)が策定され、2000(平成12)年度から、2004(平成16)年度までの5年間で介護サービスの基盤整備や生きがいづくりなどが実施された。

| 社会福祉基礎構造改革と施策の再編 | わが国では少子高齢社会の進むなか、家族形態の変化や家族介護機能の低下により、社会全体で高齢者介護を支える新システムの構築が望まれ、戦後50年間維持してきた社会福祉の構造を抜本的に改革する社会福祉基礎構造改革が始まった。高齢者福祉施策はこれまで、老人福祉法と老人保健法の両制度の下で個別にサービスが提供されており、手続きの面での分かりづらさや負担の不公平さなど問題もあった。2000(平成12)年には「社会福祉事業法」が「社会福祉法」と改称され、同じく2000(平成12)年4月から国民相互の連帯という視点から社会保険方式を導入した介護保険法が施行され、措置から契約へと利用制度は大きく転換された。

3 老人福祉法

1963(昭和38)年に制定、施行された。所得保障、雇用、税制、住宅などの高齢者の福祉に関する広汎な施策について、その原理(基本理念)を明らかにしている。しかし、介護保険法の制定に伴い、ホームヘルプサービスなどの在宅サービス、特別養護老人ホーム入所などの施設サービスは介護保険が担当することになり、主要な高齢者サービスが老人福祉法から介護保険法へと移動することになった。そのため、老人福祉法の与えるサービスは、高齢者の生きがいや健康保持に関する事業(教養講座とかレクレーションとか)、老人クラブへの援助などが中心となっている。しかし、養護老人ホームへの入所は老人福祉法のもとで措置として行われているし、家族による高齢者の虐待や介護放棄がある場合には、老人福祉法による措置がとられるなど、老人福祉法は高齢者の福祉の基礎となっている重要な法律であることには変わりない。

| 目的と基本理念 | この法は、「老人の心身の健康の保持及び生活の安定のために必要な措置を講じ、もって老人の福祉を図るこ

と」を目的とする（老福1条）。1990（平成2）年の改正によって、従来の規定に加え、①「老人は、敬愛されるとともに、生きがいを持てる健全で安らかな生活を保障されること」（老福2条）、②「老人は、心身の健康の保持と社会的活動に参加するよう努めること」（老福3条1項）、③「老人は、希望と能力に応じ、仕事の機会や社会的活動に参加する機会を与えられること」（老福3条2項）の文言が盛り込まれることになった。

<u>老人福祉法の実施体制</u>　老人福祉法は、「国及び地方公共団体は、老人の福祉を推進する責務を有する」（4条）と定め、「国及び地方公共団体は、老人福祉法に規定する福祉施策に基本的理念が具現されるように配慮しなければならない」（4条2項）、「老人福祉事業を営む者は福祉の増進に務めなければならない」（4条3項）と規定する。行政の実施機関としては、国が厚生労働省であり、地方公共団体では都道府県や市町村の担当部局が担う。市町村は高齢者に対して居宅介護や施設入所などの措置を行う。また、老人の福祉に関し必要な実情の把握に努め、及び必要な情報の提供や相談に応じ、必要な調査及び指導を行い、これらに付随する業務を行わなければならない（5条の4第2項）。具体的には、市町村の設置する福祉事務所がその業務を行い、福祉事務所には老人福祉に関する専門的業務を行う社会福祉主事を置かなければならないと定めている（6条の1）。その他、保健所、民生委員が老人福祉に関する業務に協力するものとして規定されている（8条、9条）。

<u>支援体制の整備</u>　老人福祉の措置の実施に当たっては、老人保健法と介護保険法に基づく措置との連携及び調整に務めなければならない（10条の2）、及び地域の実情に応じた体制の整備に努めなければならない（10条の3）としている。介護保険施行以降、市町村の役割は直接的な福祉の措置や介護支援相談から支援体制の整備へと重心が移り、これまで個別に行われてきた要介護高齢者への保健・医療・福祉のサービスは介護保険法において統合的に提供されることになった。

<u>在宅福祉サービス（老人居宅生活支援事業）</u>　老人福祉法で定める「老人居宅生活支援事業」には、①老人居宅介護等事業（ホームヘルプサービス）、②老人デ

イサービス事業、③老人短期入所事業（ショートステイ）、④認知症対応型老人共同生活援助事業（グループホーム）、⑤小規模・多機能型居宅介護事業がある（5条の2）。これらの事業は介護保険制度の利用が原則であるが、やむを得ない事由により介護保険制度によるサービスを利用することが著しく困難であると認められる者に限り、市町村の措置によってサービスが提供されている。そのほかに、⑥日常生活用具の給付・貸与（10条の4）があるが、2000（平成12）年度より介護保険法に多くが移行し、僅か4品目のみが貸与されている。

施設福祉サービス（老人福祉施設） 老人福祉法で定める「老人福祉施設」には、養護老人ホーム、特別養護老人ホーム、軽費老人ホーム、老人デイサービスセンター、老人短期入所施設、老人福祉センター、老人介護支援センター（在宅介護支援センター）がある（老福5条の3）。その他の施設には、老人休養ホーム、老人憩いの家、生活支援ハウス（高齢者生活福祉センター）、有料老人ホームがある。介護保険法の施行前まで、老人福祉施設のサービス利用は、軽費老人ホームを除き措置方式であった。介護保険施行後は、養護老人ホームのみが措置制度として残されたが、それ以外の施設は利用契約制度に転換された。

4　高齢者福祉の課題

　高齢期（老後）を健康で、住み慣れた地域で暮らし続けたいとは誰もが願うことである。しかし、それは自己の努力だけでは難しく、予防も含めた高齢者保健・福祉の充実が不可欠である。少子高齢化がもたらす超高齢社会の到来は、昨今の金融危機に端を発する経済の悪化も加わり、益々高齢者の不安を増大させている。年金等の所得への不安、生活不安、健康不安に対応する社会保障支援システムの整備・充実が必要であるにもかかわらず、現在の社会保障制度の改革は、逼迫した財政問題面からの視点しか感じられない。むしろ、高齢者の生活安定として重要な所得保障や健康の保持が制度改革によって、自助努力と自己責任に転嫁されているような気がしてならない。

本来個人の力のみでは対応困難なリスクに対し、国家が保障する仕組みが社会保障制度であるはずなのに、年金や医療制度の改革は、高齢者により多くの負担を強いる結果となっている。生活保護受給者に高齢者が多いことも懸念されるところである。また、精神病院入院における高齢者の増加や高齢自殺者の原因が健康面・経済面であることも見逃せない事実である。一方、増大する介護ニーズへの対応として創設された介護保険制度は、健康不安の後ろに見え隠れする「介護不安」を払拭させるものと期待されたが、現実は負担の増加や支給限度の問題、地域格差やマンパワーの不足（特に介護職）など多くの問題を露呈することになった。また、措置制度から契約制度への転換は、サービス事業者との対等な関係、自己選択・自己決定での契約を謳うが、適切な情報の提供がなされているか、質の高い介護メニューが揃っているか、少ない利益にしかならないサービスは敬遠されはしないかなど懸念されるところである。誰もが、望むサービスをいつでも、必要量確保できる体制の整備がこれからの課題であろう。

　戦後世代の高齢者が増加していくなか、前期高齢者は年金などの所得保障と併せ、生きがいの確保が大きな課題となる。学習、労働、ボランティアなど、これまで長い人生の中で築かれてきた知恵と経験をいかし、社会参加できる「活動の場」の提供も今後の課題ではないか。権利意識を持った元気老人であるように、あるいは、やりがいや生きがいを追求する高齢者となれるように、過疎化する農村へ定年後移り住むメニューや、週末や長期休暇で田舎に出向き、自然と向き合い家庭菜園を楽しむメニュー、地域での子育て支援や「おばあちゃんの知恵袋」伝承メニューなどなど、高齢者の力を今一度活用することで健康の増進や経済への貢献が図られ、ひいては高齢者の社会保障給付費の抑制に繋げる。そういった一石二鳥の効果が望める高齢者活用システムの検討が急務である。他方、後期高齢者は介護や医療ニーズが増大してくる。利用者や家族の要望に応え得る在宅支援施策の充実が望まれる。高齢者人口の増加、平均寿命の延びとともに、今後ますますの福祉・保健・医療の連携が重要になるだろう。併せて、住宅保障、所得保障、生きがい・余暇活動の充実、社会参加

の保障など、高齢者の尊厳を守り、長い平均余命を充実したものにするための施策の充実が今後の課題である。

II　障害者福祉

1　障害者と障害者福祉

1　障害・障害者の定義

国際連合は障害者の権利宣言（1975年）において、障害のある人（disabled person）とは、「先天的か否かにかかわらず、身体的又は精神的能力の不全のために、通常の個人又は社会生活に必要なことを確保することが、自分自身では完全又は部分的にできない人」とする。一方、わが国の障害者の定義は個別法によって異なっている。①身体障害者福祉法（4条）では、「身体障害者」とは別表に掲げる身体上の障害がある18歳以上の者であって、都道府県知事から身体障害者手帳の交付を受けた者とする。②障害者基本法（2条）では、「障害者」とは「身体障害、知的障害又は精神障害があるため、継続的に日常生活又は社会生活に相当な制限を受ける者」とする。③障害者自立支援法（4条1項）では、「障害者」とは身体障害者福祉法4条に規定する身体障害者、知的障害者福祉法にいう知的障害者、精神保健福祉法5条に規定する精神障害者（知的障害者を除く）であり、いずれも18歳以上である者をさす。④知的障害者福祉法では、定義なし（厚労省が行う基礎調査の定義が用いられている）。⑤精神保健福祉法（5条）では、「精神障害者」とは「統合失調症、精神作用物質による急性中毒又はその依存症、知的障害、精神病質、その他の精神疾患を有する者」。⑥発達障害者支援法（2条第1項、2項）では、「発達障害者」とは発達障害（自閉症、アスペルガー症候群その他の広汎性発達障害、学習障害（LD）、注意欠陥／多動性障害（AD/HD）などの脳の機能障害）を有するために、日常または社

会生活に制限を受ける者とする。

2　障害の概念

1980年、世界保健機関（WHO）が公表した、国際障害分類（ICIDH）によれば、「障害」とは、①病気・変調による機能障害（impairment）、②そのため活動能力が制約されるという能力障害（disability）、③そのことで通常の社会的役割を果たせなくなることが社会的不利（handicap）とする3つのレベルの階層構造でとらえている。とりわけ③の社会的不利を加えたことの意義は大きい。しかし、障害者は「障害」というマイナスしか持たない存在ではなく、障害は個性であり、人権問題として社会の側の改善を図ることが社会参加を達成することに他ならない。障害をマイナスからプラス面に着目する考え方として、2001年国際生活機能分類（ICF）が発表された。能力障害を「活動」にかえ、障害された状態を「活動制限」（activity limitation）に、社会的不利を「参加」にかえ、障害された状態を「参加への制約」（participation restriction）とした。障害者の社会活動への積極的参加という立場を強調し、障害概念をより肯定的にとらえようとしたものである。さらに、障害を生み出す個人因子と背景因子を加え、障害者と環境との相互作用によって社会的不利が起こるという考え方を示している。

3　障害者福祉

現在、障害者の福祉施策は大きな転換期を迎えている。障害者分野の現行制度は、障害者基本法や社会福祉法に基づき、障害種別によって、身体障害者福祉法、知的障害者福祉法、精神保健福祉法、発達障害者支援法の個別法で対応されている。また、年齢によって児童福祉法や老人福祉法、介護保険法にも関わる。福祉サービス給付については障害者自立支援法を中心に実施されている。これら、障害者の福祉を実現するための法律や規則、さまざまな福祉サービス、そして取り組まれている実践などの実態が、障害者福祉といわれるものである。現在、障害者を対象とする福祉は障害種別毎に制定された個別法や障

害者自立支援法によって「自立と社会参加」、「ノーマライゼーション」、「リハビリテーション」、「エンパワーメント」などの理念のもとに実施されている。

2　障害者福祉の史的展開

<u>職業能力の回復を中心とした**障害者福祉**</u>　わが国の障害者福祉は、戦争被災者や生活困窮者への保健医療施策や社会保障制度の立て直しが図られるなか、1949（昭和24）年に「身体障害者福祉法」が制定された。身体障害者福祉法は「傷痍軍人法」とも呼ばれ、第二次世界大戦の退役傷痍軍人対策を主とし、職業能力の回復を中心とする「更生法」であった。目標を指導訓練による職業復帰としたため、所得保障を基盤とする生活の保障は含まれず、職業的経済的自立が難しい重度の身体障害者はこの法から除外されることになった。1954（昭和29）年には、障害児に育成医療給付制度が、障害者には更生医療給付制度が創設されている。一方、精神障害者に対しては、1950（昭和25）年に「精神衛生法」が制定され、予防対策を含めた国民の精神的健康の保持・向上を目的とする施策が図られた。私宅監置廃止の意義は大きかったが、都道府県に精神病院の設置義務を定めたに過ぎず、精神障害者への人権擁護の視点は弱く、精神病院への収容保護が施策の中心であった。

<u>高度経済成長期における重度対応の障害者福祉</u>　1960年代から1970年代にかけての高度経済成長期は、国民の生活水準が向上する一方で、都市の人口集中化・農村の過疎化、核家族化、公害問題の発生などにより、社会福祉のニーズは多様化複雑化し、特に大規模な公害の発生は障害者問題を顕在化させた。これまでの更生可能な身体障害者以外の重度障害者への対応も始まった。1960（昭和35）年には更生と保護を目的とする精神薄弱者福祉法（現・知的障害者福祉法）が制定され、18歳以上の知的障害者の福祉施策が開始された。1967（昭和42）年の改正では精神薄弱者援護施設が、精神薄弱者更生施設と精神薄弱者授産施設に分けられた。身体障害者福祉法でも、重度身体障害者更生援護施設（1963年）と重度身体障害者授産施設（1964年）が創設され、障害種別や程度による施設

の類型化が図られた。「更生」が難しい重度障害者にも、施設機能の強化と、在宅福祉の総合的な推進が図られた。1970（昭和45）年には心身障害者対策基本法が制定され、心身障害者に対する国・地方自治体の責務を明確にし、総合的な推進を図ることが目的に掲げられた。1971年の国連総会では「知的障害者の権利宣言」が採択され、アメリカでは障害者の自立生活運動（IL運動）が始まる。障害が重くても地域社会のなかで主体的に生活していくことを目指したこの運動は、わが国にも大きな影響を与えることになった。

国際障害者年と障害者福祉の発展 石油危機に端を発する経済低迷は財政危機をもたらし、「福祉見直し論」が叫ばれるようになった。併せて、生存権や生活権からの福祉ニーズの多様化やノーマライゼーション理念の浸透という時代背景のなかで社会福祉改革が急速に行われた。1975年、国連は障害者の権利宣言を決議採択し、1981年を国際障害者年とした。「完全参加と平等」をテーマとした国際障害者年と、これに続く「国連障害者の十年」（1983年～1992年）を契機に、わが国の障害者政策はノーマライゼーションや自立の理念に基づく「在宅施策の強化と社会参加促進」にその重点を移すことになる。その一方で、福祉の国庫負担削減を背景に受益者負担強化が行われ、1984（昭和59）年に施設入所者へ応能負担による「費用徴収制度」がスタートした。1987（昭和62）年には宇都宮病院事件など精神病院での不祥事件を契機に、精神衛生法が精神保健法に改正され、条文のなかに、精神障害者の人権擁護と適正な医療の確保、社会復帰の促進が掲げられた。1993（平成5）年には地域生活援助事業（グループホーム）が制度化され、精神障害者の福祉の増進が図られた。同年心身障害者基本法が改正され障害者基本法が成立した。障害者を「身体障害・知的障害・精神障害」と定義し、初めて精神障害者が障害者として明記され社会福祉施策の対象となったことは特徴的である。1995（平成7）年には「障害者プラン──ノーマライゼーション7か年戦略」が策定され具体的な数値目標のもと一層の推進が図られた。同年、精神保健法が「精神保健及び精神障害者福祉に関する法律」（精神保健福祉法）に改正された。精神障害者の医療と保護、社会復帰の促進及び自立と社会経済活動への参加促進が図られ、身近

な市町村の役割が明確化された。

> 社会福祉基礎構造改革
> と障害者福祉の再編

戦後6法体制で推進されてきた福祉施策は、時代の変化と財政面の逼迫から抜本的な見直しが行われ、社会福祉基礎構造改革のもとに次々に法改正が行われ改革が具体化された。2000（平成12）年の社会福祉法改正を始め国の役割の変更を含む事業規制の緩和が行われた。2003（平成15）年には支援費制度が創設され、行政処分としての「措置制度」から、自ら選択・決定する「利用契約制度」へと大きく変更された。2004（平成16）年には発達障害者支援法が制定され、早期発見と学校教育における支援の重要性が明記づけられた。同年、障害者基本法が改正され、障害を理由とする差別禁止規定が盛り込まれた。2005（平成17）年には障害者自立支援法が制定され、障害程度区分認定や利用料の定率負担、食費・光熱水費の自己負担など介護保険によく似た制度が導入され、現在、障害者福祉サービスはこの法で優先実施されている。また、障害者の工賃倍増5か年計画や障害者の就労支援の強化など新たな障害保健福祉施策の推進が図られている。一方、2006年国連で採択された障害者権利条約についてわが国は2007（平成19）年9月に署名、現在差別禁止法制定に向けた取り組みが行われている。

3　障害者自立支援法以外の障害者福祉の法制度

1　身体障害者福祉法

1949（昭和24）年に制定された。戦後処理的な色合いが強いものであったが、その後発生する障害者問題に対応する法制度として整備されてきた。定義は先に述べた通りで、身体障害者手帳はサービスの受給要件となっている。障害者自立支援法と相まって、身体障害者の自立と社会経済活動への参加を促進するための援助と必要な保護（更生援護）を行うことにより、身体障害者の福祉の増進を図ることを目的とする。国・地方公共団体等の責務、身体障害者福祉についての市町村や福祉事務所、都道府県、身体障害者更生相談所などの業務、更生援護の内容（指導啓発、支援体制の整備、身体障害者手帳の交付、更生相談

ややむを得ない理由により介護サービスが受けられない時の市町村による福祉の措置など）、身体障害者生活訓練等事業および身体障害者社会参加支援施設（各事業・施設の定義、事業・施設への規制など）について規定している。

2　知的障害者福祉法

1960（昭和35）年に精神薄弱者福祉法として制定され、1998（平成10）年に現行の法律名に改正された。定義をおいておらず、手帳はサービス要件ではない。知的障害者福祉司、知的障害者更生相談所、職権による例外的な措置について以外は、ほぼ身体障害者福祉法と同様の規定になっている。なお、これまで知的障害者福祉施策のなかで対応されてきた発達障害者（自閉症、アスペルガー症候群、注意欠陥多動性障害を有するために日常生活や社会生活に制限を受ける者）については、2004（平成16）年制定の「発達障害者支援法」で対応されている。

3　精神保健福祉法

1950（昭和25）年に精神衛生法として制定、1987（昭和62）年に精神保健法に改称、さらに1995（平成7）年に現行法律名になった。定義は先に述べたとおりであるが、精神保健福祉手帳は福祉サービスの受給要件となる。精神障害者への医療及び保護を行い、障害者自立支援法と相まって、その社会復帰・自立・社会経済活動への参加に必要な援助を行うことにより、精神障害者の福祉の増進と国民の精神保健の向上を図ることを目的とする。国・地方公共団体等の責務、精神保健福祉センターの設置、精神保健指定医、精神病院、医療及び保護の内容・手続（任意入院、措置入院、医療保護入院など）、保健及び福祉施策の内容、社会復帰促進センターなどを規定している。

4　障害者自立支援法

2005（平成17）年に公布され翌年4月より一部施行、同10月から全面施行さ

れた。障害者自立支援法は、障害者基本法の基本理念にのっとり、これまでの障害種別ごとに異なる法律によって提供されてきた福祉サービスや公費負担医療などを、共通の制度のなかで一元的に提供する仕組みを導入している。また、増大する福祉サービスの費用に対応するため、従来の応能負担から応益負担（定率負担）とし、利用量に応じた費用の原則1割を利用者が負担することになった。この法では、必要なサービスを効果的・効率的により公平で透明なプロセスで提供できるよう、客観的な尺度である「障害程度区分1～6」を導入し、「利用者本位」「自己決定と自己選択の尊重」理念のもと、障害者の地域における自立した生活を支援することを目的に、総合的な自立支援システムとして5つの体系に再編された。併せて、就労支援の抜本的強化も目的にしている。

1　新サービス体系

障害者自立支援法における福祉サービスは、障害者の生活様式にあわせ、訪問系サービスと日中活動系サービス、居住系サービスに分けられる。個別給付である自立支援給付として、①介護給付（介護支援を目的にする、10種類）、②訓練等給付（訓練等の支援を目的にする、4種類）、③自立支援医療（育成医療、更生医療、精神通院公費負担の各公費負担医療を再編統合）、④補装具給付事業、⑤地域生活支援事業（移動支援や相談事業等、市町村などが自主的・柔軟に行う）の5体系からなる（図表9-1参照）。

2　サービス利用の流れ

「介護給付」と「訓練等給付」を受けるには次の手順による。「地域生活支援事業」は必須事業とその他の事業があるが、市町村の裁量に委ねられており、市町村で異なるため注意が必要である。「介護給付」を受けたい障害者や障害児の家族は、援護の実施機関である市町村に申請をし、市町村は申請に基づき、障害程度区分認定調査・概況調査を行う。認定調査は全国共通の106項目からなる心身の状況に関するアセスメント調査をし、この調査表をコンピューターで1次判定し、再度、医師の意見書に基づき市町村審査会で2次判定す

図表9-1 障害者自立支援法における福祉サービス

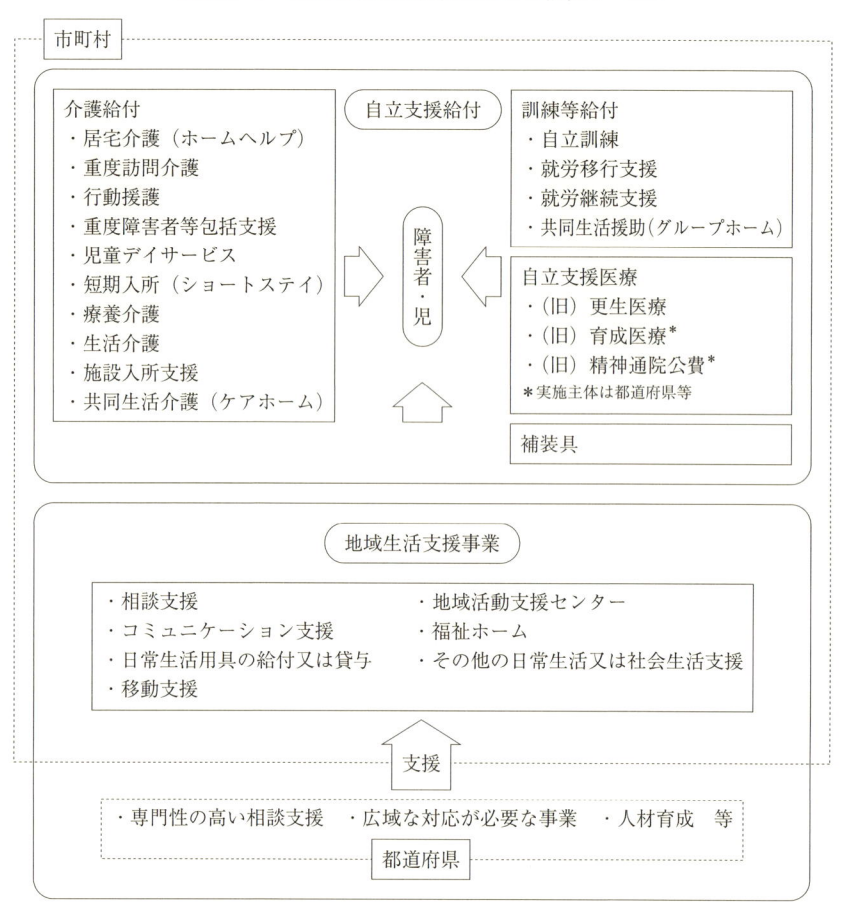

```
┌─ 市町村 ─────────────────────────────────────────────┐
│                                                      │
│  ┌──────────────────  自立支援給付  ──────────────┐  │
│  │ 介護給付                    訓練等給付         │  │
│  │  ・居宅介護（ホームヘルプ）  ・自立訓練         │  │
│  │  ・重度訪問介護              ・就労移行支援     │  │
│  │  ・行動援護                  ・就労継続支援     │  │
│  │  ・重度障害者等包括支援      ・共同生活援助（グループホーム）│
│  │  ・児童デイサービス                             │  │
│  │  ・短期入所（ショートステイ） 障  自立支援医療  │  │
│  │  ・療養介護                  害  ・（旧）更生医療│  │
│  │  ・生活介護                  者  ・（旧）育成医療*│ │
│  │  ・施設入所支援              ・児 ・（旧）精神通院公費*│
│  │  ・共同生活介護（ケアホーム）   *実施主体は都道府県等│
│  │                                                │  │
│  │                              補装具            │  │
│  └────────────────────────────────────────────────┘  │
│                                                      │
│  ┌──────────── 地域生活支援事業 ─────────────────┐  │
│  │  ・相談支援           ・地域活動支援センター   │  │
│  │  ・コミュニケーション支援 ・福祉ホーム          │  │
│  │  ・日常生活用具の給付又は貸与 ・その他の日常生活又は社会生活支援│
│  │  ・移動支援                                    │  │
│  └────────────────────────────────────────────────┘  │
│                        ↑ 支援                        │
└──────────────────────────────────────────────────────┘
   ┌──────────────────────────────────────────────┐
   │ ・専門性の高い相談支援 ・広域な対応が必要な事業 ・人材育成 等│
   └─────────── 都道府県 ─────────────────────────┘
```

る。サービスの必要性等を鑑み審査判定される。利用意向聴取の後、市町村で障害程度区分が支給決定される。支給決定は、サービスの種類ごとに月を単位として支給量を定める。支給決定を受けた「障害者」は、指定事業者との契約に基づき障害福祉サービスを利用する。「訓練等給付」については、障害程度区分を受けなくても利用することができる（暫定支給決定）。一定期間後サービスの効果や本人の意志を確認し、効果が認められた場合は、サービス事業者が

成果目標や訓練期間を具体的に設定（個別支援計画）し、支給期間が決まる。なお、「介護給付」の処分に不服があるときは、都道府県知事に対し審査請求をすることができる（処分を知った翌日から60日以内）。都道府県は「障害者介護給付費等不服審査会」を置き審理することができる。

3　費用負担

地域生活支援事業を除いた自立支援給付は9割が公費負担で、残り1割は利用者が直接事業者に支払う。9割のうち4分の1を援護実施者の市町村が、同じく4分の1を都道府県が、同4分の2を国が負担する。これに係る都道府県と国の負担はすべて義務的経費である。「地域生活支援事業」は、市町村の裁量であるため、市町村が4分の1を負担し、国は4分の2、都道府県は4分の1を補助することができる。都道府県実施の場合は4分の2を負担し、国は4分の2以内でその費用を補助するができるとされる。また、利用者のサービス利用負担は、サービス量に応じた応益負担（現行は原則1割）で、施設での食費や高熱水費は実費負担である。利用料の設定は低所得者に配慮して、各種の軽減措置がとられている。①月額負担に対する上限設定（低所得1・低所得2）。なお、2010年4月1日から低所得者（市町村民税非課税）のサービス利用者負担は無料に改正された、②高額障害福祉サービス費の支給、③入所施設などの利用者に関する個別減免、④通所サービス、ホームヘルプサービスなどの利用者に対する社会福祉法人減免、⑤施設での食費、光熱費の実費負担の減免（補足給付）、⑥生活保護移行防止策としての実費負担減免がある。

4　福祉の措置

市町村は、障害者自立支援法上やむを得ない事由によりサービスを利用できない「障害者」に対して、身体障害者福祉法、知的障害者福祉法、精神保健福祉法、児童福祉法等の個別法に基づいて「福祉の措置」を行わなければならない。また、療養介護および施設入所支援についてはサービス提供の委託措置をとらなければならない。それ以外については、サービス提供の委託措置をとる

ことができる。

5　障害者福祉の課題

　障害者自立支援法が施行されて4年目を迎える。当初から「3年後の見直し」は入っていたが、それを待つまでもなく毎年改正が行われている。多くは、利用者負担や負担上限の見直しに関する軽減措置、事業者への激減緩和措置などの緊急措置であった。しかし、そもそもこの法の成立には財源問題が根底にあり、応能負担が応益（定率）負担に変更されたことで、サービス利用者の負担は重くなり、特に低所得者の負担問題は大きな課題であった。障害者が生きるために不可欠な支援を「益」と見なし原則一律の自己負担を課すことは「憲法25条の生存権などの侵害にあたり違憲」だとする障害者の集団訴訟が起こされ、さいたま地裁では和解が成立した。国は合議文書に「反省」を明記し、応益負担の撤廃、障害者自立支援法の廃止を明言している。2010（平成22）年4月1日から低所得者（市町村民税非課税）のサービス利用料が無料に改正されたことは大きな成果といえよう。しかし、新体系への移行が5年間の経過措置であることや財源の逼迫から「廃案」への道のりは厳しいと思われる。
　そもそも、2003（平成15）年に導入された「支援費制度」では、利用者（障害者）が事業者と対等な立場に立って、自らサービス提供者を選び契約によりサービスが利用出来る制度であり、長年続いてきた行政処分と言われる「措置制度」からの転換として期待された。その結果、利用者の増加が財政の逼迫を招き、たった2年で破綻してしまった。代わって登場した障害者自立支援法は、保険方式ではなかったものの、障害程度区分認定や利用料の応益（定率）負担、食費・光熱水費の自己負担、自立支援など介護保険に類似したものである。はたして、利用料負担や医療費の自己負担で、財源不足を解消出来るのか疑問が残る。併せて、今回抜本強化される障害者の就労支援も、雇用を初めとした所得保障がまず検討されるべきである。精神的自立・社会的自立と併せ、職業的自立・経済的自立の保障が急務であろう。また、地域生活移行を実現す

るためには、特に施設暮らしが長かった重度障害者のための受け皿の整備は不可欠である。

　昨今の介護現場では人手不足が深刻である。外国からの看護・介護の人材導入も始まっているが、障害者の介護は専門性が高いので早々に期待はできないだろう。利用者のサービスの量と質の確保は、マンパワーを含む供給体制の整備なしにはあり得ない。公的責任によるサービス供給体制の基盤整備が緊急の課題といえる。

　また、交通アクセス問題の解消や生活環境のバリアフリー化は、障害者が地域で自立した生活を送るためには必要不可欠である。障害者の権利として福祉サービスを自己選択・自己決定し、地域のなかでその人らしく、その年齢に応じたライフサイクルが保障されるべきである。併せて、発達障害者への支援や高次脳機能障害者、難病者への支援取り組み等も緊急の課題である。また、地域支援事業等は市町村の裁量になっているが、移動支援の必要な狭間の人々も利用できる工夫やコミュニケーション支援、相談支援の充実が望まれる。

　誰もが望む、地域のなかで安心して生活できる「共生社会」の実現と、差別のない障害者の権利が保障される、広い意味での「自立」と「QOLの高い」生活の確保保障がこれからの障害者福祉の課題であるといえる。

《参考文献》
堀勝洋・岩志和一郎編『高齢者の法律相談』（有斐閣、2005年）
岩村正彦編『高齢化社会と法』（有斐閣、2008年）
直井道子・中野いく子・和気純子『高齢者福祉の世界』（有斐閣、2008年）
瀧澤仁唱『障害者間格差の法的研究』（ミネルヴァ書房、2006年）
障害者生活支援システム研究会『障害者自立支援法と人間らしく生きる権利』（かもがわ出版、2007年）
伊藤周平『障害者自立支援法と権利保障』（明石書店、2009年）
茨木尚子・大熊由紀子・尾上浩二・北野誠一・竹端寛編著『障害者総合福祉サービス法の展開』（ミネルヴァ書房、2009年）
松井亮輔・川島聡編『概説　障害者権利条約』（法律文化社、2010年）

【相藤絹代】

コラム8　相談援助の理論と方法

　2009年度の大学4年生は、文部科学省の「ゆとり教育」の最初の学生たちである。ゆとり教育を論じる訳ではないが、この年代からの学生に少々戸惑いを感じる。演習および実習指導の中で、いろいろと説明し、「では、始めて下さい。」と言うと必ず何人かの学生は、「何をするんですか。」と尋ねてくる。それに、コミュニケーションや記録は苦手だが、メールは早くて上手な学生も少なくはない。さらに、消極的で意欲がなく何事にも細かな指示が必要な学生も多い。そんななかで、現代の福祉を学ぶ学生気質は、「非常識」ではなく、「無常識」である。社会通念上の常識ではなく、学生なりの常識をもっているということである。ハンス・C・アンデルセンは、「大人の世界と子どもの世界は別なのだ」といっている。昔、大人は子どもであった。子どもの世界から、大人の世界を眺めていた。そして、大人になり大人の世界から子どもの世界を眺めている。その結果、「はだかの王様」症候群になる。さらに、「ふたりの王子」「みにくいアヒルの子」等の童話につながっていく。その幼児期の思い出は、トラウマとも成り得る。マニュアル化・指示待ち・三代目・自己中等様々な症候群の学生が存在し、それらが、不登校、いじめや虐待・DV等の要素であったりもする。そこで、ソーシャルワーク実践は、表面化している問題に対応するのではなく潜在しているニーズも把握する必要がある。その過程として、インテーク（受理面接）から始まり、アセスメント（事前評価）、プランニング（支援計画）、インターベンション（支援・介入）、モニタリング（分析・評価）、エバリュエーション（事後評価）、ターミネーション（終結）がある。しかしながら、何よりも大切なことは、クライエント（利用者）に対しての傾聴・受容・共感であり、それによって、相手との信頼関係（ラポート）を築き、心身ともに安心・安定し、快適な人生を過ごすための生活支援活動を行っていくことである。

　相談援助の基本理念は、「人権をどう護るか」ということである。障がいの有無に関わらず、人生をどう生きるかではなくどう生きたかである。ともに生きともに生活し、個人・家庭・地域の問題を、自分を含めた地域住民1人ひとりの問題としてとらえ、継続する日常生活の中でとらえ直していく必要がある。そこで、相談援助は教育理念が先行するよりも社会福祉施設見学、ボランティア体験、ロールプレイング、疑似体験、現場実習等のような体験学習が何よりも重要である。福祉教育の主眼は福祉知識の習得よりも生活知識・技術の習得にあり、そのためには、人生経験の豊富な地域住民との交流も不可欠であると考える。

　　　　　　　姫野建二（九州看護福祉大学看護福祉学部社会福祉学科専任講師）

第10章　児童福祉・社会手当

ポイント

* 児童福祉の中心となる法律は児童福祉法である。ただし、社会的背景に応じて児童福祉が取り組むべき課題が新たに見出されたり、一段の努力が求められたりした結果、他の法律も児童福祉法の一部を補ったり、協働したりする役割を担っている（本文の図表10－1参照）。
* 社会手当の給付方法は、公的扶助と社会保険の中間的な形態をとる点に特徴がある。すなわち、税を財源にし事前の拠出を求めない（無拠出）が、厳格な資力調査を求めず、定型的な給付を行う。
* わが国の各社会手当の主な対象は、以下の通りである。
　　児童の養育に対応する社会手当として、児童手当、児童扶養手当、特別児童扶養手当があり、障害に対応する社会手当として、特別障害者手当と障害児福祉手当がある。

1　児童福祉の意義と最近の動向

1　児童福祉の範囲

　子どもは家族や社会からの援助なしに生きることはできない。民法では、親権という制度があり、未成年の子に果たすべき親の監護教育と財産管理の責任を定めている（民法820条〜833条）。また、子どもの成長発達には、家族の外に社会の影響も大きく、社会責任の一端を担っている。日本国憲法は、義務教育の権利を定め（憲法26条）、学校教育法を通じて、子どもの人格の発達のために不可欠な教育を国に保障させるほか、児童の酷使を禁止し（憲法27条3項）、それを具体化する労働基準法とあわせて、児童が賃労働にかりたてられて健全な

成長や教育の機会が阻害されないようにしている。このように、私たちの法制度は、様々な場面で子どもの成長を支える仕組みを設けている。

これらを整理するにあたり、①児童の生活上の困難に対する支援を中心にした福祉サービスを「(狭義の) 児童福祉」として区分する、②子ども自身だけでなく子育てを担う親 (保護者) も支援の対象に位置づけ、福祉サービスに限らない所得保障・保健・労働法制を含めた子育て環境支援までを「児童・家族福祉」とする、③社会保障の射程である社会的給付をこえて教育・少年司法など児童の発達成長支援にかかわる制度を広く「(広義の) 児童・家族福祉」に含める、といった立場がある。本章では、個別制度の目的や方法の特徴を明らかにすることを重視して、第 2 節以下では児童福祉法で定める児童福祉サービスの制度と児童に対する社会手当制度を説明することにしよう。

2　児童福祉の原理

わが国には複数の社会福祉立法があるが、児童福祉法はなかでも早い段階 (1947年) に成立している。それは、第二次世界大戦の後、頼るべき家族を失った戦争孤児や非行につながりやすい浮浪児の収容保護、生活苦から起こる子どもの売買の防止などを緊急に行わねばならなかったからである。当初政府は、このような特殊な問題を抱える児童の保護だけを念頭に置いていたが、厚生大臣 (当時) の諮問した委員会の意見などをふまえてその構想を改め、より先進的な理念に支えられた「児童福祉法」が制定された。その結果、児童福祉法では、保護事業をこえて児童健全育成という積極的な児童福祉を増進させることを目的とすること (1条1項)、次世代を担う児童すべてを法の対象にすること (1条2項)、児童の保護者だけでなく国および地方自治体もその責任を負うこと (2条) という児童福祉の原理が定められた。さらに、この原理は、児童に関わるすべての法律、つまり「広義の児童・家族福祉」といわれる分野でも尊重されなければならないことが定められている (3条)。

3　児童福祉法とその関連領域の法の展開

　1960年代の高度成長期になると、急激な工業化によって生じた児童の生活基盤の危機や、高度成長の波に取り残される母子家庭に対応することが求められるようになった。1964（昭和39）年には母子家庭への諸施策を体系化した「母子福祉法」（1981年に「母子及び寡婦福祉法」に改正）が、1965（昭和40）年には母性と乳幼児の健康保持の措置を定めた「母子保健法」が成立し、児童福祉法に含まれていた関連措置はこれらの法律に吸収された。

　また、児童福祉法は児童の心身の健全育成を国・地方公共団体の責務としていたが、経済的困難を援助する公的な金銭給付は用意されていなかった。これを解消するため、1961（昭和36）年には、離婚などを原因とした母子家庭を対象にする「児童扶養手当法」が制定され、1964（昭和39）年には「重度精神薄弱児扶養手当法」（1966年に重度身体障害児も対象に加えて「特別児童扶養手当法」に改称）、1971（昭和46）年には、一般家庭の児童（第3子以降）を対象にした「児童手当法」が定められ、社会保険や公的扶助によらない社会手当という新たな方法による児童養育費の保障が拡充された。

　わが国の少子高齢化は高度成長期から進行していたが、1989（平成元）年には特殊合計出産率が戦後最悪になった。これは「1.57ショック」と呼ばれているが、それを機に「エンゼルプラン（1995年度からの5か年計画）」、「新エンゼルプラン（2000（平成12）年度からの5か年計画）」といった少子化に対応する施策が定められた。しかし、2000（平成12）年に入っても少子化傾向には歯止めがかからず、より積極的な取り組みを求める意見が強まり、2005（平成17）年から10年間の時限立法として国・地方公共団体・企業の責務をさだめた「次世代育成支援対策推進法」（2003年）や、少子化対策の基本枠組みを定めた「少子化社会対策基本法」（2003年）が制定された。

　同じ時期には、戦後作り上げられた措置を中心とする社会福祉制度を見直す社会福祉基礎構造改革が始まった。児童福祉の分野でも、まず1997（平成9）年の児童福祉法改正によって保育所の入所が措置から利用者選択制度に変更された。さらに、自立の支援を強化することを目的に、母子寮・養護施設・教護

図表10-1　児童福祉法の枠組み

```
┌─ 児童福祉法 ────────────┐   補完・協働
│①児童福祉法の原理、対象      │        ┌───────────┐
│                           │        │少子化対策基本法│
│②児童福祉の行政機関、専門職   │        ├───────────┤
│                           │        │次世代育成支援法│
│③児童福祉の給付、児童保護の   │ ┌──────────┐ ┌───────────┐
│  ための禁止行為と罰則       │ │児童虐待防止法│ │母 子 保 健 法│
│                           │ ├──────────┤ ├───────────┤
│                           │ │障害者自立支援法│ │母子及び寡婦福祉法│
│                           │              ├───────────┤
│                           │              │児童扶養手当法│
│                           │              ├───────────┤
│                           │              │児 童 手 当 法│
│                           │              ├───────────┤
│                           │              │特別児童扶養手当法│
│                           │ ┌──────────┐
│                           │ │就学前の子どもに関│
│                           │ │する教育、保育等の│
│                           │ │総合的な提供の推進│
│④児童福祉の事業や施設に関す  │ │に関する法律    │
│  る定め、施設最低基準       │ │              │
│⑤児童福祉にかかる費用についての│ ┌──────────┐
│  国・都道府県・市町村の分担、 │ │障害者自立支援法│
│  受給者の費用負担           │ └──────────┘
└───────────────────────────┘
```

院といった施設が、母子生活支援施設・児童養護施設・児童自立支援施設に名称変更された。措置制度から契約制度への移行は、障害児の福祉サービスにも及び、2003（平成15）年にまず支援費制度（2006年からは自立支援制度）によって在宅サービスに導入され、2006（平成18）年には施設入所サービスにも広がった。

　要保護児童対策については、1994年に「児童の権利に関する条約」が締結されたのを契機に、子どもの権利や児童虐待問題に社会の目が向けられるようになり、児童虐待への対応強化として2000（平成12）年には「児童虐待防止法」が制定された（**図表10-1**）。

2　児童福祉法

1　児童福祉法の対象

　児童福祉法が定める「児童」とは、満18歳に満たない者である。これをさらに３つに区分し、１歳未満の者を「乳児」、満１歳から小学校就学の始期に達するまでの者を「幼児」、小学校就学の始期から18歳未満の者を「少年」としている（４条）。また、すでに胎内にいる子の福祉のために母性保護を図る必要から、妊娠中および出産後１年以内の「妊産婦」（５条）も対象に含めている。

　加えて、「保護者」を法の対象とし、児童福祉給付の手続上の名宛人にしたり、保護者が義務を履行するよう支援する措置や罰則を用意したりしている。児童福祉法の規定の中では、「親権を行う者」や「扶養義務者」という言葉も出てくるが、それらは子どもの監護権の行使やサービスの費用負担など、限定的な場面で用いられている。「保護者」は、多くは民法で定める「親権者」と一致するが、そうでない場合もあり、実際上の保護や養育を行う者をさす。

2　児童福祉の行政機関

　児童福祉は、国・地方公共団体がそれぞれ責任をもつ（２条）。高齢者や障害者に比べ、３者の役割分担について児童福祉サービスに特に特徴的なのは、児童虐待への対応など高い専門性を求められることから、都道府県および指定都市に大きなウェイトが置かれ、専門機関を設置して自治事務として行っていることである。市町村は、児童に関する相談の窓口、保育サービス、子育て支援事業、居宅サービスを担当し、地域住民に密着したサービスを行う。

　また、具体的な行政事務の実施にあたって、３タイプの行政機関が用意されている。第１は児童福祉行政についての審議機関であり、都道府県（指定都市・中核市）は児童福祉審議会、あるいは地方社会福祉審議会である。第２は児童福祉行政を第１線で行う専門行政機関であり、その中心となるのは児童相

談所である。児童相談所は、児童に関する相談、専門的判定、指導、児童の一時保護などを行う機関であり、都道府県には設置が義務づけられ、そのなかに専門的知識をもつ児童福祉司を置くこととなっている（15条）。第3は児童福祉に地域住民のボランティアとして活動する児童委員である。実際には、民生委員が児童委員を兼ねて職務を行っている。

3　児童福祉の給付

児童福祉法では、児童が母親の胎内にいるときから18歳に成長するまでに生じる身体的・社会的ハンディキャップに対してそれを軽減あるいは除去するための種々の福祉サービスを用意している（図表10-2）。

このように、児童福祉の給付といっても、対象・方法・性質が全く異なるものも含まれているため、給付方式でも、措置で行われるものと、利用者とサービス提供者の契約で行われるものとが並存している。要保護児童に対する保護は「措置制度」が用いられ、助産施設、母子生活支援施設、保育所は「選択利用制度」で、障害児の居宅サービスは自立支援制度に基づく「契約」で、子育て支援事業は「（直接）契約」で行われている。

保育所とその他の育児支援サービス　　**(1) 保育所**　「保育所」は、保護者が働いていたり病気であったりして家庭で乳幼児を保育できない時に、乳幼児を預かり保育する施設である。類似の施設に「幼稚園」があるが、これは幼児の教育を目的とする学校教育法に基づく施設であり、文部科学省の管轄の下、施設や人員配置について別の基準が適用され、保護者と幼稚園の直接契約でサービスが提供されている。

保育所は希望すれば誰でも利用できるわけではない。児童福祉法は、児童が「保育に欠ける」状態であることを要件としている（児童福祉法24条）。「保育に欠ける」の具体的な内容は、国の政令（児童福祉法施行令27条）に従って市町村が条例で定めることとされており、保護者が就労、妊娠、出産、疾病、介護などで保育ができず、かつ同居親族やそのほかの者が児童を保育できない場合とされている。

図表10-2 児童福祉施設の種類

	施設の種類 （児童福祉施設）	施設の目的および対象者
1	助産施設 （法第36条）	保健上必要があるにもかかわらず、経済的理由により入院助産を受けることができない妊産婦を入所させて助産を受けさせる。
2	乳児院 （法第37条）	乳児（保健上、安定した生活環境の確保その他の理由により特に必要のある場合には、幼児を含む）を入院させて、これを養育し、あわせて退院した者について相談その他の援助を行う。
3	母子生活支援施設 （法第38条）	配偶者のない女子またはこれに準ずる事情にある女子およびその者の監護すべき児童を入所させて、これらの者を保護するとともに、これらの者の自立の促進のためにその生活を支援し、あわせて退所した者について相談その他の援助を行う。
4	保育所 （法第39条）	日々保護者の委託を受けて、保育に欠けるその乳児または幼児を保育する。
5	児童養護施設 （法第41条）	保護者のない児童（乳児を除く。ただし、安定した生活環境の確保その他の理由により特に必要のある場合には、乳児を含む）、虐待されている児童その他環境上養護を要する児童を入所させて、これを養護し、あわせて退所した者に対する相談その他の自立のための援助を行う。
6	知的障害児施設 （法第42条）	知的障害の児童を入所させて、これを保護し、または治療するとともに独立自活に必要な知識技能を与える。
7	自閉症児施設 （法第42条）	自閉症児に対する医療、心理指導および生活指導を行う。
8	知的障害児通園施設 （法第43条）	知的障害のある児童を日々保護者のもとから通わせて、これを保護するとともに、独立自活に必要な知識技能を与える。
9	盲児施設 （法第43条の2）	盲児（強度の弱視児を含む）を入所させて、これを保護するとともに独立自活に必要な指導または援助をする。
10	ろうあ児施設 （法第43条の2）	ろうあ児（強度の難聴児を含む）を入所させて、これを保護するとともに独立自活に必要な指導または援助をする。
11	難聴幼児通園施設 （法第43条の2）	強度の難聴の幼児を保護者のもとから通わせて、指導訓練を行う。
12	肢体不自由児施設 （法第43条の3）	肢体不自由のある児童を治療するとともに、独立自活に必要な知識技能を与える。
13	肢体不自由児通園施設 （法第43条の3）	肢体不自由のある児童を通所によって治療するとともに、独立自活に必要な知識技能を与える。
14	肢体不自由児療護施設 （法第43条の3）	病院に入院することを要しない肢体不自由のある児童であって、家庭における養育が困難なものを入所させ、これを保護するとともに独立自活に必要な知識技能を与える。
15	重症心身障害児施設 （法第43条の4）	重度の知的障害および重度の肢体不自由が重複している児童を入所させて、これを保護するとともに治療および日常生活の指導をする。
16	情緒障害児短期治療施設 （法第43条の5）	軽度の情緒障害を有する児童を短期間入所させ、または保護者のもとから通わせて、その情緒障害を治し、あわせて退所した者について相談その他の援助を行う。
17	児童自立支援施設 （法第44条）	不良行為をなし、またはなすおそれのある児童および家庭環境その他の環境上の理由により生活指導等を要する児童を入所させ、または保護者のもとから通わせて、個々の児童の状況に応じて必要な指導を行い、その自立を支援する。
18	児童館 （法第40条）	児童に健全な遊びを与えて、その健康を増進し、または情操を豊かにする。
19	児童遊園 （法第40条）	児童に健全な遊びを与え、その健康を増進し情操を豊かにするとともに、事故による傷害の防止を図る。
20	児童家庭支援センター （法第44条の2）	地域の児童の福祉に関する各般の問題につき、児童、母子家庭その他の家庭、地域住民その他からの相談に応じ、必要な助言を行うとともに、保護を要する児童またはその保護者に対する指導を行い、あわせて児童相談所、児童福祉施設等との連絡調整等を総合的に行い、地域の児童、家庭の福祉の向上を図る。

注：表中「法」とは「児童福祉法」の略。
出典：社会福祉士養成講座編集委員会編『新・社会福祉士養成講座15　児童や家庭に対する支援と児童・家庭福祉制度』（中央法規、2009年）73頁。

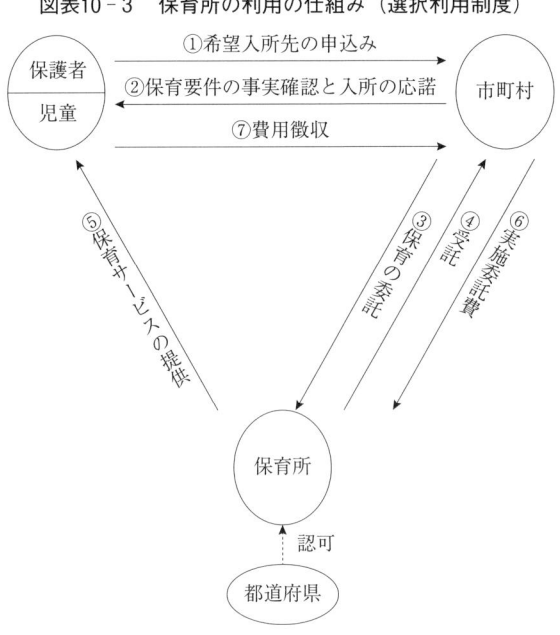

図表10-3　保育所の利用の仕組み（選択利用制度）

```
保護者      ①希望入所先の申込み      市町村
児童     ②保育要件の事実確認と入所の応諾
            ⑦費用徴収

     ⑤保育サービスの提供    ③保育の委託  ④受託  ⑥実施委託費

              保育所
               ↑ 認可
             都道府県
```

　1997（平成9）年の児童福祉法改正以前は、このような保育に欠ける児童がいた場合「措置方式」で保育を行っていたが、改正した24条では「保護者から申し込みがあった時には、それらの児童を保育所において保育しなければならない」とされ、「選択利用制度」と呼ばれる仕組みが導入された（**図表10-3**）。保護者が要件を満たした上で保育所を選択して申込みを行うと、市町村は保育義務が生じ、保育所に受け入れ能力がある限り保護者の希望した保育所で保育が実施される。希望保育所が社会福祉法人などの経営する保育所である場合、市町村は保育所に委託してサービスの提供を行うこととなる。多数の保護者が特定の保育所を希望する場合、市町村は入所者の選考をするが、公正な方法で行うことが求められ（24条3項）、受け入れができない場合でも他の適切な配慮が求められる（24条1項）。
　「利用選択制度」で行われる保育の実施の法的性質については解釈が分かれ

ており、保護者と保育所の間の契約であると説明する意見と、措置方式と変わらないとする意見とがある。保育所の要否決定が行政処分として行われること、保育費用の公費負担、応能負担による費用徴収といったことをみると、「利用選択制度」は措置制度の基本的な要素を維持しており、修正した措置方式と考えるのが妥当であろう。

　(2)　**認可外保育所**　　前述した保育所（認可保育所ともいわれる）は、設立や運営に公費が投入されるとともに、利用児童の要件・施設基準・保育料などが児童福祉法で厳密に定められ、いわば公的なサービスを行っている。これに対して、民間の事業者が児童福祉法の枠にとらわれず、多様な形で乳幼児を預かり保育するサービス（へき地保育所、事業所内保育施設、ベビーホテルなど）もあり、これらは認可外保育所といわれる。当初、児童福祉法では認可外保育所に対して規制を行っていなかったが、その管理運営や安全性の問題が大きく取り上げられるようになり、1981（昭和56）年から数度の改正をつうじて、都道府県知事への届出、報告徴収、立入調査、事業停止命令、施設閉鎖命令、改善勧告、サービス内容の公表などの規制が設けられるようになった（59条～59条の2の6）。近年では、認可保育所への待機児童の増大を背景に、東京都の「認証保育所」の例のように、独自の基準を設けてこれに適合する施設に対し補助金を支給する地方自治体も現れている。

　(3)　**子育て支援事業**　　児童や家庭を取り巻く環境の変化に伴い、家族が地域社会の中で児童養育の責任を適切に果たせるようバックアップをする仕組みが求められている。児童福祉法では、自主的な活動として行われていた学童児童の放課後ケアを1997（平成9）年に「放課後児童健全育成事業」として法定化した。さらに、2003（平成15）年には次世代育成支援対策推進法と同時に行われた児童福祉法改正で、市町村に対する子育て支援事業の体制の整備と実施の努力義務が定められた（21条の9）。子育て支援事業の種類は、大きく以下の3つに分類されている。①保護者からの相談に応じ、情報の提供、助言を行う事業（例：地域子育て支援センター、つどいの広場）、②保育所等において児童の養育を支援する事業（例：放課後児童健全育成事業、一時保育事業、幼稚園預かり保育

事業)、③居宅において児童の養育を支援する事業（例：出産後の保育士等派遣事業)。

(4) **認定こども園**　幼稚園・保育園は異なる目的と機能をもった施設であるが、保護者の就労形態の多様化、少子化による集団規模確保の困難、都市部における保育園不足・幼稚園利用者の減少、家庭で子育てをする保護者への支援不足などの問題が指摘され、制度を越えた柔軟な枠組みが求められるようになった。これに対応するために、2006（平成18）年に「就学前の子どもに関する教育・保育等の総合的な提供の推進に関する法律」により、「認定こども園」制度が設けられた。幼稚園および保育園のうち、就学前の教育・保育を一体として捉え一貫して提供する機能をもち、条例で定められた基準を満たせば、都道府県知事より「認定こども園」の認定を受けることができ、利用者とは直接契約でサービスを提供することとなる。

障害児に対する福祉サービス　(1) **在宅福祉サービス**　従来、児童福祉法では、身体障害や知的障害のある児童のために、在宅福祉サービス、施設入所サービス、保健医療サービスの要件や給付を定め、その提供を行ってきた。しかし、現在では、在宅福祉サービス、補装具の給付、育成医療は「障害者自立支援法」にもとづき提供されている。したがって、児童福祉法の規定により措置方式によって在宅福祉サービスが提供されるのは、やむを得ない事情で障害者自立支援法の規定する給付を受けられない場合のみに限られる。

(2) **施設入所サービス**　障害児の施設入所サービスは、依然として児童福祉法にもとづいて行われている。ただし、その利用は、自立支援給付によく似た「障害児施設給付費」の仕組みに変更されている（24条の2第1項)。この費用は国と都道府県が2分の1ずつ負担する。

施設の利用にあたって、児童の保護者は施設に対して直接申込みを行う。そして、都道府県知事に「障害児施設給付費」の支給を申請し、決定を受けると、サービスの利用費の9割分が支払われる。現在は障害種別に規定されている通園・入所施設について、障害者自立支援法の改正と併せて、一元化に向けた再編が検討されている。

要保護児童に対する措置

児童は、保護者が責任を持って監護養育する中で健やかに発達成長できる。しかし、何らかの事情により、児童にこのような環境が整わない場合、社会が児童を保護する必要が生じる。児童福祉法では、①保護者のいない児童、②保護者に虐待されている児童、保護者の労働または疾病等のため必要な監護を受けることができない児童、③児童に障害があり、保護者の下では十分な監護が行われないため、児童福祉施設に入所すること等が必要な児童、④不良行為を行った、あるいは行うおそれのある児童、⑤生活指導を必要とする児童（6条の3）、といった児童を「要保護児童」とし、これらの児童を適切に保護するための一連の措置を定める。

まず、児童が保護されるためには、行政機関が児童を発見することが必要であるがそのために、保護者からの自発的な相談（25条の2）だけでなく、要保護児童を発見した一般市民から市町村・福祉事務所・児童相談所への通告（25条）も求めている。さらに児童虐待については、学校の教職員、児童福祉施設の職員、医師など児童の福祉に業務上関係のある者に早期発見に努めるよう求めている（児童虐待防止法5条）。

次の段階では、通告のあった機関は児童の状況確認を行い（25条の6）、さらに専門的な関与が必要と考えられれば児童相談所に送致して、保護を要するような事実の有無や程度など調査をすることになる。児童の安全の確保を求める声に応じて、2007（平成19）年の児童虐待防止法の改正では、児童虐待のおそれのある保護者に対する出頭要求を制度化したほか、立入調査および重ねての出頭要求に応じない場合に、都道府県知事が裁判所の許可状を得て、解錠などを伴う立入調査を行うことが可能となった。

児童相談所は調査、判定、指導を行うが、この間児童の安全を確保するため必要である場合には、一時保護を行うことができる（33条）。一時保護は知事の職権で行うことができ、保護者の同意は必ずしも要しないが、原則2ヶ月以内である。児童相談所が児童をさらに長期に保護する必要があると判断した場合、児童福祉施設への入所、里親委託等の措置を採ることができる（27条）。長期で親子を分離させる27条の措置は原則保護者の同意を必要とするが、それ

が得られない場合、都道府県は家庭裁判所の承認を得て措置を実施することができる。さらに、父母が親権を濫用し子の利益を害する場合、家庭裁判所が親権の喪失を宣告することができることを定めている（民法834条）。この請求は、子の親族および検察官のほか、児童相談所長（33条の5）も行うことができる。

このように、要保護児童への措置の手続の中には、家庭裁判所が度々登場する。親は民法で定められた親権（身上監護権、懲戒権など）を有しており、一般的には行政がこれを無視して措置をとることは許されない。したがって、行政が権限を行使することが児童の利益という観点から正当化されるのかどうかについて、司法機関である家庭裁判所が判断する必要が生じるのである。

なお、児童相談所において14歳以上の児童が罪を犯したと思われる事実が発見された場合は、家庭裁判所に通告しなければならない（25条）。14歳未満の児童は刑事責任能力がなく、児童福祉法による措置を行うことが原則となっている。ただし、児童福祉機関の判断により、家庭裁判所の審判に付すのが適当と認めた場合に限って少年審判に付すことになる（27条1項4号、32条1項）。

4 費用負担

児童福祉の諸制度を実施するために必要な財源は、国・地方公共団体からの公費が中心となるが、私立児童福祉施設の設立などには民間資金も導入される。さらに、児童が施設やサービスを利用した場合、その扶養義務者に利用者負担を求めることもある。児童福祉法では、制度の内容に応じて、国・都道府県・市町村の財政負担区分を定めている。地方財政制度の改革などにより3者の負担区分にも変更が行われ、名目上は国が負担者とならない場合でも、後から次世代育成支援対策施設整備交付金といった地方交付税で相当分が支給されるものも多くみられる（図表10-4）。

図表10-4　児童福祉の負担割合

児童福祉施設の整備のための費用負担

設置主体 \ 費用負担者	国	都道府県 （政令指定都市、 中核市を含む）	市町村	社会福祉法人等
都道府県 （政令指定都市、中核市を含む）	50/100	50/100	—	—
市町村	50/100	25/100	25/100	—
社会福祉法人等	50/100	25/100	—	25/100

児童福祉施設の措置費（運営費）負担割合

施設種別	措置権者	入所先施設の区分	措置費支弁者	費用負担			
				国	都道府県 政令指定都市 中核市	市	町村
児童福祉施設[注1]	知事・政令指定都市長・児童相談所設置市長	—	都道府県・政令指定都市・児童相談所設置市	1/2	1/2	—	—
保育所	市町村長	その他の施設	市町村	1/2	1/4	1/4	

注1　保育所、母子生活支援施設、助産施設を除いた児童福祉施設。
出典：厚生統計協会編『国民の福祉の動向2009』（厚生統計協会、2009）をもとに筆者加筆。

3　社会手当

1　社会手当の特徴

　被用者と使用者の社会保険料を主な財源としている社会保険に対し、公的扶助を中心とする社会扶助は税を財源としていることから、受給を求める者の有効な生活手段（稼得能力、資産など）を考慮して扶助の要否を決定するという方式をとってきた。しかし、第二次世界大戦前後からは、生活困窮以外の社会的リスクに対して資産調査を伴わず（あるいは所得制限を設けるという形で緩和して）給付を行うという新しい特徴をもつ社会扶助が出現した。これが社会手当とい

われる社会扶助のもう1つの類型である。その目的をみると、年金制度などによる所得保障が主として所得の喪失や減少を保障するものであるのに対して、社会手当は追加的な費用を保障する場合が多い。わが国では、児童の養育に対応するもの（児童手当、児童扶養手当、特別児童扶養手当）と、障害に対応するもの（特別障害者手当、障害児福祉手当）とがある。

2　社会手当の種類

児童手当　児童手当は、「児童養育家庭の生活の安定」という所得保障と「児童の健全な育成及び資質の向上」という児童福祉という2つの目的を掲げ（児童手当法1条）、児童を抱える一般家庭を対象に給付を行う。しかし、制度内容の変遷をみると、支給対象の拡大と同時に対象児童の年齢が引き下げられたり（1989年、1994年）、支給額に物価スライドが採用されず据え置かれたりする状況が続いたりと、児童手当法の趣旨は一貫していなかった。2000年以降は少子化対策の流れを受けて、対象年齢の拡大、所得制限の引上げによる支給対象世帯の拡大、手当額の引上げなど、制度を拡充する改正が行われている（児童手当法附則6条、7条）。

本制度は、支給対象を日本国内に住所を有する小学校修了前の児童とし、支給額は3歳未満の児童に対しては一律月額1万円、3歳以上の児童に対しては、第1子および第2子についてはそれぞれ月額5,000円、第3子以降はそれぞれ1万円としている。児童手当は対象となる児童を監護し一定の生計関係をもつ保護者に支給されるが、所得制限が設けられており、前年の所得が一定額未満でなければならない。

財源は、3歳未満までか、手当を支給される者が被用者かそれ以外の者かで構成が異なる（**図表10-5**）。拠出の義務を負う事業主は、被用者の報酬等を基礎にした賦課標準に拠出金率（2009年度は1000分の1.3）を掛けた額を事業主拠出金として負担する。

なお、現在の児童手当制度を大きく見直し、年齢・出生順位にかかわらない支給額、支給額の引き上げ、対象児童の年齢引き上げ（中学校修了まで）、所得

図表10-5　児童手当の費用負担

	3歳未満	3歳以上
被用者	事業主7/10　国1/10　都道府県1/10　市町村1/10 特例給付分　事業主10/10	国1/3　都道府県1/3　市町村1/3
非被用者	国1/3　都道府県1/3　市町村1/3	
公務員	所属庁10/10	所属庁10/10

制限の撤廃などを内容とした「子ども手当」の創設が検討されている。

児童扶養手当　児童扶養手当は、18歳未満（一定の障害があれば20歳未満）の児童を抱える「父と生計を同じくしない」世帯、具体的には離婚による母子世帯のほか、父から遺棄されている世帯、父が障害者である世帯などを対象とした給付であり、母親などの養育者が受給者となる。父が死亡した場合も支給の対象となるが、遺族年金など他の所得保障を受けている場合、支給が行われない。この制度は、死別母子世帯に支給される母子福祉年金の補完的制度として1962（昭和37）年に創設されたが、1985（昭和60）年に改正され、母子家庭の生活の安定と自立促進を通じて児童の健全育成を図ることが目的となった（児童扶養手当法１条）。このため、所得制限限度額が設けられ、手当額は受給者の所得と世帯構成（２人目以降の児童は加算額を支給する）によって定められている。2002（平成14）年の改正では、母の就労による自立促進がさらに強調され、①受給者が正当な理由なく自立を図るための活動をしなかったときには手当の支給停止ができる、②就労などにより収入が増えた場合、児童手当を加えた総収入がなだらかに増えるようにする（図表10-6）、③支給開始月から５年、あるいは支給要件に該当した月から７年を経過した時は、手当額の一部を減額することとなった。

手当額は、全額支給の場合、児童１人につき月額４万1,720円、２人目は5,000円、３人目以降は3,000円を加算する（2009年度）。ところで、父子家庭は所得が低くてもこの制度の対象となっていなかったが、2010（平成22）年度からは支給対象とすることが検討されている。

図表10-6　児童扶養手当給付水準（母と子ども1人の世帯）

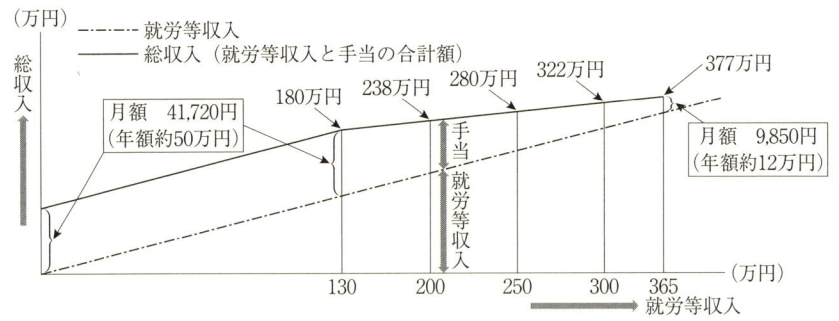

出典：厚生労働省「平成20年度版　母子家庭の母の就業の支援に関する年次報告」

特別児童扶養手当・障害児福祉手当・特別障害者手当

　特別児童扶養手当は、多くの費用を必要とする在宅で障害児を監護する世帯の負担を支える給付である。従って児童が福祉施設に入所している場合は支給されない。給付を受けるのは、精神または身体に障害を有する20歳未満の障害児を監護する親または養育者であり、都道府県・市・福祉事務所を設置する町村の認定を受ける必要がある。児童の障害の要件は政令で定められているが、知的障害又は身体障害により日常生活において常に介護を必要とする状態にあること、身体の重・中度の障害（おおむね身体障害者手帳1級～3級と4級の一部）により一定の介助や安静を必要とすること、疾病などにより障害を有するのと同等と認められる状態であって一定の介助や安静を必要とすることなどが求められる。支給額は、重度の障害児の場合月額5万0,750円、中度の場合月額3万3,800円（2009年度）であるが、所得制限が設けられている。手当の支給に要する費用は、全額国が負担する。

　障害児福祉手当は、20歳未満の在宅の重度障害児（日常生活で常時の介護を必要とする程度）に支給される給付である。特別児童扶養手当が親・養育者に支給されるのに対して、障害児福祉手当は障害児本人に支給される。支給額は1万4,380円（2009年度）であり、受給資格者（障害児本人）またはその扶養親族の所得が一定以上の場合支給が停止される。

特別障害者手当は、障害児福祉手当と同様の趣旨で、20歳以上の在宅の重度障害者に対する給付である。支給額は月額2万6,640円であり、障害児福祉手当と同様の所得制限が設けられている。障害児福祉手当および特別障害者手当の費用は、国が4分の3、支給を行った地方自治体が4分の1を負担する。

3　児童福祉・社会手当の課題

|待　機　児　童|

1990年半ば以降保育政策はより積極的に展開されるようになっているが、共稼ぎ世帯の増加によって、少子化にもかかわらず入所要件を満たした上で入所申請をしても認可保育所に入所できない待機児童が多く存在し、経済不況下の2009（平成21）年では前年から3割増の2万5,384人という調査開始以来最大の増加率となっている。年齢別では、3歳児未満の低年齢児保育、地域別にみると、首都圏の不足が顕著である。

児童が保育所に入所できなかったことについて、措置権者（市）が長年にわたり保育所の拡充を怠ってきた責任を争った裁判では、「政治的責任はあるのは当然としても、法律上違法であると評価するほど明白かつ著しい懈怠があると解することはできない」と判断されている。また、認可保育所に入所できない児童に対する「その他適切な保護」の義務についても、無認可保育所に補助金を交付していたことをもって違法性なしとした判決がある（東京地判昭和61年9月30日判時1218号93頁）。

現行では、認可保育所と同水準ではない保育であっても「その他適切な保護」とみなせること、市町村が公正な方法で選考すれば、選考から洩れた児童が保育所に入れない状態であってもやむなしとされているといえよう。このような状況は、親が就労できなければ経済上の危険を親と児童に負わせることになり、親が保育所を確保できないまま就労すれば児童に生命身体や日常生活上の危険を負わすことを意味する。児童の生存権を保障するという観点から、認可保育所の設備整備の責任体制や認可保育所以外の保育サービスの規制や利用援助について見直しをする必要があるだろう。

子どもの貧困　2008年に発表されたOECDの調査報告によると、日本の子どもの貧困率は13.7%（2004年度）であり、22か国中8位の高さとなっている。さらに、税制や社会保障制度による所得再分配の効果を見ると、日本だけが、再配分が行われた後の貧困率が再配分前の貧困率を上回り、所得再分配政策によって子どもの貧困率が悪化していることが示されている。わが国の社会手当以外の所得保障制度は、ながらく児童を「受給世帯の単なる年の若い一員」と捉え、児童がもつ監護や発達・教育のニードを重視してこなかった。児童を対象とした社会手当についても、カバーする範囲や水準が不十分であり、児童の現実の必要との開きは、親の就労や世帯員の消費の切り詰めといった「自己責任」によって埋められている。児童の平等な発達機会の保障という観点から、社会手当を中心とする所得保障および保護者の費用負担を考慮した児童福祉サービスの再編を検討すべきであろう。

《参考文献》
阿部彩『子どもの貧困——日本の不平等を考える』（岩波新書、2008年）
柏女霊峰『子ども家庭福祉サービス供給体制　切れめのない支援をめざして』（中央法規出版、2008年）
日本弁護士連合会子どもの権利委員会編『子どもの虐待防止・法的実務マニュアル』（明石書店、2008年）
倉田賀代『子育て支援の理念と方法——ドイツ法からの視点』（北海道大学出版会、2008年）

【平部康子】

コラム9　こうのとりのゆりかご

　「こうのとりのゆりかご」とは、熊本市にある民間の慈恵病院が日本で初めて匿名で子ども（主として新生児）を預かる試みを始めたその仕組みと建物の構造をいう。全国的に嬰児殺しや子どもの遺棄事件が後をたたない状況を見るに見かねて、ドイツの「赤ちゃんボックス」（Babyklappe）を参考に、遺棄されて命を落とす新生児を救いたいとの一心で設けられたものである。捨て子を助長するという猛烈な批判のなか、熊本市は、「医療法上の病院開設許可事項変更許可申請を認めたに過ぎず、ゆりかごそのものの設置を許可したものではない」という変則的な形で許可を与え、2007（平成19）年5月10日から運用が開始された。3年間で51名もの子どもが預けられ、その中には幼児（小学校入学前）や障害を持った子どもが含まれていたことがわかっている。父母等の居住地は関東以西に広く及んでいる。預けた理由は、生活困窮、未婚、不倫、世間体、戸籍に入れたくないなどさまざまである。

　何しろ日本で初めての試みであったので、保護責任者遺棄罪（刑法218条）や児童虐待防止法の児童虐待に該当しないかなど違法性の議論もあった。もっとも大きかったのは、匿名性であるがゆえに、子どもが将来自分の親を知りたいと願ったときにその親を知る権利（出自を知る権利、児童権利条約7条1項）を侵害するのではないかという問題であった。また、ゆりかごに預けられた子どもはやがて乳児院などの児童福祉施設で生活するか、里親や養子縁組制度によって家庭で育てられるかの道を歩む。もっとも望ましいと思われる特別養子縁組制度は、現状ではゆりかごの子どもたちには認められにくい法制度となっている。また、情報をどこまで公開するかの問題も残されている。

　熊本県の検証会議の最終報告書（2009（平成21）年11月26日）では、ゆりかごと同様な単なる子どもを匿名で預かる施設であれば今後設置されることは容認できず、むしろ相談機能を重視した民間の緊急保護施設が全国に一定ケ所設置されるよう提案がなされている。いずれにせよ、これは熊本市の1病院だけに任せておけばよい問題ではない。母子保健法、児童福祉法など社会保障法はもちろんのこと、刑法、民法、戸籍法などの法領域を含めて、「子どもの最善の利益」という目的のもとにそれらを再編成または連携させて、社会的養護制度といったものを整備していかなくてはならない時期にきている。

石橋敏郎（熊本県立大学総合管理学部教授）

第11章 社会保障の将来

ポイント

* 少子高齢化の一層の進展のなかで社会保障制度の持続可能性を考えていかなくてはならない。
* 所得保障（年金）においては、社会保険方式を基本として、その欠点を租税で補う方式が望ましい。
* 介護・福祉サービスについては、措置から契約への転換が行われた。利用者の契約締結を支援するシステムが不可欠である。
* 生活保護受給者に対する自立支援に契約概念を導入する場合は、受給者の権利保障規定が盛り込まれなくてはならない。
* ワークフェアとベーシック・インカムという新しい考え方や仕組みが登場してきている。

1 社会保障の将来

　日本では少子高齢化が急速に進んでいる。2007（平成19）年には高齢化率（総人口に占める65歳以上の割合）が21.5％であるが、2055（平成77）年には40.5％になるものと予想され、反対に合計特殊出生率（1人の女性が生涯に産む子どもの平均数）は2055（平成77）年まで最低の1.26程度のままに推移するとの推計がなされている。こうしたなか、社会保障は、いまや制度の持続可能性を確保していくことが最大の課題となっている。2008（平成20）年11月4日、社会保障国民会議最終報告書は、社会保障の将来について次のように述べている。
　「①社会保障制度は、私たちの暮らしを支える最も重要な社会基盤。国民の期待に応えられる社会保障制度を構築することは、国家の基本的な責任の1つで

ある。

②社会保障制度を、持続可能なものとしつつ、経済社会の様々な変化にあわせて、その機能を強化していかなければならない。

③社会的な相互扶助の仕組である社会保障制度はすべての国民にとって必要なもの。給付の裏側には必ず負担がある。国民にはサービスを利用する権利と同時に制度を支える責任がある。

④社会保障制度の構築と現場での運用の両面において、国と地方公共団体がそれぞれの責任を果たしながら対等の立場で協力し合う関係を築くことが重要である」。

そして同報告書は、現行社会保険方式を採用した場合、税方式を採用した場合、それらのミックス方式を採用した場合などいくつかの選択肢を示しながら、そのためにはどれくらいの消費税の引き上げが必要かをシミュレーションしている。それによると、2015（平成27）年の段階で、基礎年金の低年金・無年金者対策、基礎年金の国庫負担を現在の3分の1から2分の1にする費用、医療と介護費用、少子化対策としての親の就労支援と育児支援などを含めた追加費用をまかなうためには、消費税率を現在より3.3％から3.5％引き上げることが必要になると計算している。これは現行の社会保険方式を続けた場合の数字であって、年金保険料未納者問題を税方式で解決するとなると、6％から11％の消費税値上げが必要となる。こうした将来の費用負担について、社会保障国民会議最終報告書は、「将来世代に負担を付け回しすることなく、…年齢にかかわらず能力に応じた応分の負担に応じなければならない」ことを説いている。もはや、国民は社会保障制度の持続性という目標に向けて、それぞれが負担責任を果たさなければならない時期に来ている。ただし、その際の負担は個々人の能力に応じた公平なものでなくてはならないことはいうまでもない。

財源を確保したうえで、次にしなければならないことは、年金、医療、福祉、生活保護のすべての分野にわたって、これまでわが国がかかえてきたさまざまな矛盾、格差、不公平感、弊害、重複・無駄といった課題を1つ1つ解決していくための具体的シナリオを提示することである。このシナリオの実現は

短期間に簡単に実現できるようなものではないことはわかっている。しかし、世界に類をみないスピードで少子高齢社会を迎えたわが国が避けて通ることのできない道である。いま、国民1人ひとりに、自らの創意工夫と努力によって、将来にわたって安定した社会保障制度を作り上げていく自覚と責任が求められている。

2　所得保障（年金）の将来

　諸外国の事例も含めて、年金の分野における最近の社会保険の動向を見ていると2つの方向が同時に進行しているように感じられる。1つは、保険原理に対する扶養原理の優越（公費負担の増加）が顕著になってきていること、もう1つは、これとは逆に、保険原理の強化（拠出責任の強化）という方向である。前者については、ドイツの最低所得保障制度、わが国の最低保障年金あるいは単身低所得高齢者等加算制度構想が例としてあげられよう。ドイツ、フランスにおいては、所得保障財源について、社会保険料の占める割合が相対的に低下し、公費（税）の占める割合が次第に増加しているが、これはわが国にも当てはまる現象である。所得に比例した保険料（応益負担）、および保険料の額に応じた給付水準（貢献の原則）を特徴としてきたビスマルク型の社会保険は最近の社会情勢の変化を受けて大きく変容しようとしている。その背景には、疾病、老齢、失業といった所得保障を必要とする事故が長期化したこと、景気後退により企業の保険料負担能力に限界が見られること、少子化により保険料拠出層が減少したこと、拠出による年金額が無拠出の生活保護水準よりも下回る逆転現象が生じたことなどの理由がある。こうなると社会保険財源だけでは賄えなくなり、そこに公的資金導入による最低保障年金制度が構想される余地がある。

　前者の例としては、社会保障審議会年金部会のなかでも議論されている基礎年金部分をすべて租税で賄うという案があげられる（中間報告「年金制度の将来的な見直しに向けて」（平成20（2008）年11月））。しかし、社会保険方式の持って

きた「自立自助」のメリットを放棄することになる、全額公費で賄われている生活保護制度との関係をどう理解するかといった点で問題も多い。1909年から実施されているオーストラリアの税方式年金では、受給要件として所得および資産に関するミーンズテストが課されている。全額公費負担所得保障方式にはミーンズテストがつきまとう可能性がある。

後者の例としては、パート労働者に対する厚生年金の適用拡大と、それによる第3号被保険者の縮小、あるいは保険料軽減支援制度がこれにあたるであろう。厚生年金の第3号被保険者は、被保険者でありながら保険料負担義務がない（被用者年金制度全体で配偶者を扶養する仕組み）という社会保険の原理からは説明がつかない制度となっている。パート労働者への厚生年金の適用拡大は、パート労働に従事するサラリーマンの妻を社会保険の仕組みのなかへ取り込むことになろう。

低所得等の場合、申請により保険料が免除されるが、これは保険料納付済み期間とみなされるだけで、結果的には年金額は国庫負担相当分（現在3分の1）に減額されることになっている。これに対して、保険料軽減支援制度は、所得に応じて保険料を軽減し、その分を公費で負担するものであるが、軽減された残りの保険料の納付は被保険者に義務付けられるし、給付額も満額受け取れるという意味で社会保険原理により近づけた仕組みであるといえよう。

格差社会がさらに拡大し、固定的な貧困層の増加が指摘される現代社会にあっては、貧困層を社会の中に取り込んでいく社会的統合が緊急の課題となっている。その場合に、保険料を支払えない者や保険料滞納者が出るといった社会保険の持ってきたデメリットを指摘して、社会保険の限界と租税方式への転換をめざそうとする主張もある。しかし、社会保険における保険料拠出は、その多寡に関わらず、リスク分散機構に自ら参加するという意思を明確に表示する責任遂行行為であり、それは近代市民社会の自由主義や自助努力という思想に適合する。また、拠出という行為により所得保障に対する国家からの無用の干渉を排除できるという側面も有する。だとすれば、やはり社会保険は他の社会政策の方法に対していまなお優位性を保っているといわなければならない。所

得保障給付においては、社会保険はこれからも社会保障制度の中核としての位置づけを保ち続けるであろう。

3　医療・介護・福祉サービスの将来

公的扶助、社会福祉サービスにおける契約概念　障害者自立支援法の制定（2005（平成17）年）、生活保護受給者に対する自立支援プログラムの創設でも分かるように、福祉および公的扶助の分野では、いま、「自立」という言葉がキーワードになっている。医療や介護の分野では「予防」がそれである。社会保障財源が困窮する時には、財源対策としては、3つの方法が考えられる。①負担を増やす、②無駄を省く、③なるべく医療や介護サービスのお世話にならないようにする、あるいは、今受けているサービスから離脱してもらうの3つである。自立や予防の強調は3番目の方法にあたる。詳しくは、「社会的責任の原理」（6頁以下）のところで説明したので、ここでは、介護・福祉や公的扶助に最近導入された「契約」という概念についてその課題を短く述べるにとどめたい。

　福祉・介護サービスは、戦後一貫して、措置制度の下で運用されてきた。措置制度とは、まず、要保障者から行政庁（主として市町村）に申し込みがあり、それに対して受給要件に該当する時には、行政庁の決定があり、その後にサービスが提供される仕組みをさしている。それが、利用者自身が事業所やサービスの種類を選択し、サービスを受ける仕組みに改められた。利用者の選択権が保障されることになったのである。これを契約制度という。しかし、契約制度への転換は、新たな課題も生み出した。

　まず、利用者の選択（契約）を可能にするためには、どの事業所でどんなサービスが提供されているかの情報提供が必要である。社会福祉法は、社会福祉事業経営者と国・地方公共団体に対して、利用者への情報提供の努力義務を課している（75条）。利用者の選択に役立つような情報が提供されているかどうかは今後の課題であろう。次に、契約の名の下に劣悪な水準のサービス提供が行われることにないように一定の質が保障されていなくてはならない。社会

福祉法によって、厚生労働大臣にはサービスの最低基準を定める義務が（社福65条）、経営者には良質かつ適切な福祉サービスを提供する努力義務が課せられることになった（同78条）。サービスの質を保障する制度としては、第三者によるサービス評価事業、苦情解決システムなどがある。最後に、認知症高齢者や知的障害者等、判断能力や意思表出能力の不十分な者に対しては契約締結を支援するシステムが欠かせない。成年後見制度や日常生活自立支援事業（以前の地域福祉権利擁護事業）がこれを担っている。

　生活保護における契約概念の導入にはより慎重な態度が要求されよう。なぜなら、生活保護制度は生存を維持するための最後のセーフティネットになっているからである。すでにアメリカでは、生活保護受給関係を、自立支援プログラムへの参加と引き換えに保護を受けられるという契約概念でとらえることが行われている。契約概念を導入した理由としては、受給者に自立支援過程における対等な立場を与えようとしたためであると説明されている。しかし、生活保護受給者と行政庁では対等関係はあり得ないとか、行政庁だけが保護停止・廃止という制裁によって契約を執行できるだけであるという批判も根強い。契約概念で構成するならば、十分な情報や適切なアセスメントが得られる権利、プログラムの作成・変更に意見を述べる権利、就労しても純所得が低下する場合は紹介された就労を拒否できる権利、苦情を申し立てる権利など受給者の権利保障規定がきちんと整備される必要があろう。

医療・介護・福祉サービス提供体制の整備　医療・介護・福祉サービスは、財源を社会保険に求めるか、税に求めるかの議論はあるとしても、生活障害をかかえた要保障者に対して、非金銭的給付を与えることを目的としており、そのためには人的・物的施設（医療であれば病院と医師、介護であれば施設と職員）が不可欠の条件とされる点で所得保障制度とは異なる側面を有している。また、医療・介護・福祉サービスではサービスの質と量が給付水準を決める要素となっている点でも違っている。本人の所得の高低にかかわらず一定の給付水準を確保するという要請が働く点も特徴である。

　しかし、最近になって、医療・介護の供給体制に危機が訪れている。介護保

険施設では、あまりにも低い労働条件のために介護職員が集まらず、あるいは退職した者の補充ができず、不足分を東南アジアからの外国人労働者でカバーするという事態になっている。ようやく2009（平成21）年4月の介護報酬改定に向けて、社会保障審議会介護給付費分科会が3％の引き上げを決定した。医療においては事態はさらに深刻である。ここ数年で、産科医・小児科医が極端に不足し、次いで、急性期病院に勤める外科医・内科医の不足が顕著になっている。2008（平成20）年10月には、体調不良を訴えた妊婦が7ヶ所の病院から診察を断られ死亡するという事件が起きた（いわゆる「たらいまわし」）。地域の公立病院では医師の補充ができずに患者をかかえたまま閉鎖するところが出てきている。医療保険制度の創設で、医療を受ける側（国民）は社会化されたが、医療を与える側は社会化されず、医療供給体制に対する国の責任があいまいにされてきたところに今日の混乱の原因があるといわなくてはならない。早急に何らかの対策を講じなければ、ごく近い将来にわが国の急性期医療は壊滅的な状況に追い込まれる危険性がある。医療・介護・福祉サービス提供体制の整備に向けての法的な対策が望まれる。

4　ワークフェア（Workfare）とベーシック・インカム（Basic Income）

いまや社会保障は、基礎的保障（最低生活保障）と社会的統合という2つの目的をもつものでなくてならないとされている。この両者のそれぞれの機能を果たす制度として、現在2つの社会政策が実施あるいは構想されている。1つはワークフェアであり、他の1つはベーシック・インカムである。ワークフェア（Workfare）とは、公的扶助あるいは雇用保険と就労を結びつけることによって、労働市場への包摂を行うという形で社会的排除を解決していこうという考え方である。これに対して、ベーシック・インカム（Basic Income）とは、国民に対して無条件に（資産調査・所得制限や就労要件がないという意味）一定額の所得を給付するという構想である。ワークフェアが労働と福祉を接合するための社会政策であるとしたら、ベーシック・インカムは両者を完全に切断し

て、無条件ですべての市民に対して基礎的所得保障をしようとする政策である。

ただ、ワークフェア政策では、程度の差こそあれ、自立に向けた受給者の積極的行動が求められ、もしそれが見られない場合は、給付の支給停止が待っているために、下手をすると、受給者の意思や適性を無視した就労強制が行われる危険もある。それでは、最低生活保障という社会保障の目的がおろそかにされてしまうではないかという危惧をいだく者は、むしろ、こうした負担や義務を一切求めないベーシック・インカムを支持することになるかもしれない。

ベーシック・インカムは、既存の所得保障制度に付随している各種の受給要件をすべて否定したところに最大の特徴がある。それゆえ、ベーシック・インカム制度は以下のようなメリットを有している。①ベーシック・インカムは全員に対して最低限の所得を保障するので、社会権（生存権）を具体化した制度といえる。②失業・貧困の罠ゆえの勤労意欲の喪失、資産調査ゆえの漏救（捕捉率の低さ）、制度の複雑さなどが一気に解消される。③人々の間に存在する価値観の相違や生活スタイルの違いに対して中立的である。現行の社会保障制度は特定の労働形態や家族形態（夫が正規雇用労働者で妻と子ども2人の世帯）をモデルとして作られ、その形態を優遇しがちであるが、ベーシック・インカムは労働形態や家族形態に対しても中立的である。

これに対して、財政面からと道徳面からの反対意見も多い。財政的反対論者は、無条件に全員に対して支給されるベーシック・インカムは膨大な財政支出を必要とし、大幅な増税が必至であるという。これに対しては、現行の所得保障制度を全廃し、税制の各種控除を廃止すれば可能であるとの反論もある。道徳的反対論とは、ベーシック・インカムによって無条件に一定の所得が保障されると誰も働かなくなってしまうという主張である。

ワークフェアとベーシック・インカムは、社会的統合を果たすための方法としては別なレベルに位置しており、それぞれに長所と短所とを有している。仮にベーシック・インカム制度が導入されたとしても、最低生活を保障したうえで、労働能力ある者についてはそれを就労へと向かわせるための支援を行うという方向は今後も世界的な傾向として続いていくであろう。社会的統合を図る

ために、所得保障としての最低生活保障と労働市場への参入支援という2つの政策をどのように組み合わせていくのか、社会保障は新たな模索の段階に入ったといえよう。

《参考文献》
菊池馨実『社会保障の法理念』（有斐閣、2000年）
河野正輝『社会福祉法の新展開』（有斐閣、2006年）
武川正吾編『シティズンシップとベーシック・インカムの可能性』（法律文化社、2006年）
秋元美世『福祉政策と権利保障』（法律文化社、2007年）
岩村正彦編『福祉サービス契約の法的研究』（信山社、2007年）
岩田正美『社会的排除』（有斐閣、2008年）
脇田滋・井上英夫・木下秀雄編『若者の雇用・社会保障』（日本評論社、2008年）
大曽根寛編『社会福祉における権利擁護』（放送大学教育振興会、2008年）
駒村康平・菊池馨実編『希望の社会保障改革』（旬報社、2009年）
菊池馨実編著『自立支援と社会保障』（日本加除出版、2009年）
倉田聡『社会保険の構造分析』（北海道大学出版会、2009年）
秋元美世『社会福祉の利用者と人権』（有斐閣、2010年）
河野正輝・良永彌太郎・阿部和光・石橋敏郎編『社会保険改革の法理と将来像』（法律文化社、2010年）

【石橋敏郎】

索　引

あ　行

ILO『社会保障への途』……………17
朝日訴訟………………………………22
育児休業給付…………………………115
遺族基礎年金…………………………85
遺族厚生年金…………………………86
遺族年金………………………………85
一部負担金……………………………67
医療計画………………………………58
エリザベス救貧法……………6, 13, 135
応益負担………………………………42
応能負担………………………………42

か　行

介護休業給付…………………………115
介護給付………………………………102
介護手当………………………………109
介護の社会化…………………………96
学生無年金……………………………82
家庭援護法……………………………7
機関委任事務………………………53, 143
企業年金………………………………90
基本手当………………………………117
義務づけ訴訟…………………………31
救護法…………………………………13
旧生活保護法…………………………137
行政事件訴訟法………………………28
行政指導………………………………25
行政手続法……………………………23
行政不服申立て………………………26
業務起因性……………………………123
業務上・外の認定……………………123
業務遂行性……………………………123
許可外保育所…………………………177
具体的権利説…………………………22

ケアプラン……………………………106
ケアマネージャー……………………108
高額介護合算療養費…………………63
高額療養費……………………………63
後期高齢者医療制度…………………70
抗告訴訟………………………………29
厚生労働省……………………………51
公費負担と社会保険料負担…………47
高齢者の医療の確保に関する法律…60
国民医療費……………………………58
国民皆医療……………………………15
国民皆年金……………………………15
国民年金基金…………………………78
国民負担率……………………………46
子育て支援事業………………………177
混合診療禁止の原則…………………66

さ　行

在職老齢年金…………………………85
最低生活保障の原理…………………139
最低保障年金…………………………190
自己負担………………………………49
事情裁決………………………………28
自治事務……………………………53, 143
市町村特別給付………………………106
失業の認定……………………………116
執行不停止原則………………………34
児童虐待防止法……………………172, 179
児童相談所……………………………174
児童手当………………………………182
児童扶養手当…………………………183
社会的責任の原理……………………6
社会福祉基礎構造改革………………153
社会保険庁……………………………52
社会保険料……………………………44
社会保障給付費………………………38

社会保障という言葉 …… 4	取消訴訟 …… 29, 33
社会保障の体系 …… 9	取消判決の効力 …… 35
社会保障の定義 …… 4	
社会保障法の法源 …… 20	**な 行**
住所地特例 …… 99	二次健康診断等給付 …… 129
自由選択主義 …… 34	日常生活自立支援事業 …… 193
恤救規則 …… 13	日本年金機構 …… 52
出産手当金 …… 64	年金記録問題 …… 92
障害基礎年金 …… 80	年金の未納者問題 …… 91
障害厚生年金 …… 80	
障害手当金 …… 81	**は 行**
障害年金 …… 80	ビヴァリッジ報告書 …… 10
傷病手当金 …… 63	ビスマルク …… 14
職業病 …… 124	不可変更力 …… 28
処分性 …… 32	賦課方式 …… 78
自立支援プログラム …… 8, 146	福祉関係8法改正 …… 152
新救貧法 …… 136	福祉事務所 …… 53, 144
申請保護の原則 …… 140	プログラム規定説 …… 22
生活扶助 …… 141	ベーシック・インカム …… 194
生活保護制度の在り方に対する専門委員会 …… 8	保育所 …… 174
	法定受託事務 …… 53, 143
成年後見制度 …… 193	保険医 …… 67
世帯単位の原則 …… 141	保健医療機関 …… 67
世帯分離 …… 141	保険料軽減支援制度 …… 191
前期高齢者医療制度 …… 70	母子加算 …… 143
全国健康保険協会 …… 52	補足性の原理 …… 139
	堀木訴訟 …… 23
た 行	
待機児童 …… 185	**ま 行**
退職者医療制度 …… 69	無効等確認訴訟 …… 30
単身低所得高齢者等加算制度 …… 190	無差別平等の原理 …… 139
地域支援事業 …… 104	
地域包括支援センター …… 105	**や 行**
地域密着型サービス …… 104	要介護認定 …… 106
抽象的権利説 …… 22	予防給付 …… 104
通勤災害 …… 125	予防重視型システムへの転換 …… 9
積立方式 …… 78	
DPC制度 …… 68	**ら 行**
出来高払制 …… 68	離婚時の年金分割 …… 88
当事者訴訟 …… 31	療養の給付 …… 62

労災補償と損害賠償……………………127
老人福祉施設……………………………155
老人福祉法………………………………153
老人保健制度…………………………… 69
労働保険法の「1人歩き」………………122
老齢加算…………………………………143
老齢基礎年金…………………………… 83

老齢厚生年金…………………………… 83
老齢年金………………………………… 83
老齢福祉法………………………………151

わ 行

ワークフェア……………………………194

Horitsu Bunka Sha

2010年5月30日 初版第1刷発行

わかりやすい社会保障論

編 者　石橋敏郎
発行者　秋山　泰

発行所　株式会社 法律文化社
〒603-8053　京都市北区上賀茂岩ヶ垣内町71
電話 075(791)7131　FAX 075(721)8400
URL：http://www.hou-bun.co.jp/

Ⓒ 2010 Toshiro Ishibashi　Printed in Japan
印刷：共同印刷工業㈱／製本：㈱藤沢製本
ISBN978-4-589-03271-3

河野正輝・良永彌太郎・阿部和光・石橋敏郎編	**社会保険改革の法理と将来像**	A5判・360頁・3990円	諸外国および日本の社会保険改革の動向を俯瞰し、社会保険の概念の理論的整理をふまえて、近年の「改革」が包含する基本理念と法理の変容を解明する。社会保険の将来像と成熟の方向を照射し、21世紀の社会保障のあり方を描き出す。
松井亮輔・川島 聡編	**概説 障害者権利条約**	A5判・390頁・3990円	障害者権利条約の各条項の趣旨、目的を概観するとともに、重要論点につき包括的かつ多角的に取りあげ詳解する。「障害の普遍性」を採りいれた本条約から日本社会の現況を照射するなかで、克服すべき課題と展望を提示する。
河野正輝・江口隆裕編〔αブックス〕	**レクチャー社会保障法**	A5判・300頁・2940円	多数の図表や分かりやすい叙述で社会保障法の全体像がつかめる教科書。基本的な理念としくみをふまえ、各法制度の意義や法解釈上の論点、課題などを解説。社会保障構造改革の国際的な動向にも言及する。
河野正輝・中島 誠・西田和弘編	**社会保障論**	四六判・348頁・2625円	社会保障の基本を学ぶための入門書。現行制度のしくみを単純に概説するだけではなく、制度の基礎にある考え方や論理を解き明かすことにより、初学者が基本原則をしっかり学習できるよう工夫。国家試験受験者にも役立つ書。
古橋エツ子編	**初めての社会保障論**	A5判・218頁・2415円	少子高齢社会に突入したわが国の社会保障・社会福祉制度を、定義・理念、歴史的背景や経緯、今後の課題について、初学者にも分かりやすいように解説する。社会福祉士・精神保健福祉士などの国家試験にも対応できるよう配慮。

―― 法律文化社 ――

表示価格は定価(税込価格)です